議会の？(なぜ)がわかる本
住民と議員の議会運営 12 か月

田口　一博 著

中央文化社

はしがき

　人口減少社会を迎えるわが国では、社会経済情勢の変化・住民ニーズの多様化に対応した行政運営が求められ、地方議会の的確な対応が強く要請されております。

　こうした中で、議会が行政に対する批判・監視機能と政策立案機能を発揮するためには、議会の能率的な議事運営を通じて、充実した議会審議によりその責務を遂行しなければなりません。

　市町村議会では、住民に最も身近な議事機関として、地域住民の声に耳を傾け、その声を行政に反映していく重要性は高まっており、事案に当たり幅広い正確な知識に加えて、的確な判断力が要請されます。

　「議会の？(なぜ)がわかる本―住民と議員の議会運営12か月」は、大学における研究のみならず、実際に議会事務に携わってきた著者が、議会人に役立つ日常起こりうる様々な場面に対処できるよう、議会における予算や決算の審議、災害への対応、議員研修の必要性等について幅広く解説されています。

　本書が、議会関係者に広く利用され、適正で効率的な議会運営に資することを期待するものであります。

2014年10月

　　　　　　　　　　　　全国市議会議長会
　　　　　　　　　　　　　　事務総長　　原田　正司

　　　　　　　　　　　　全国町村議会議長会
　　　　　　　　　　　　　　事務総長　　江端　康二

まえがき

　本書は、地方議会人 2013 年 4 月号から翌 14 年 3 月号まで連載された「議会人のための議会運営 12 か月」に加筆修正を行ったものです。

　伝統ある議員研修誌　地方議会人から教養講座連載のお話しをいただいたときに考えたことは、150 年に及ぶ日本の近代議会の歴史を踏まえたものを書き、議会の活動がなぜ、こうなっているのかを多くの人に知っていただきたい、ということでした。地方分権が再び言われるようになって 20 年余り。自治体の自己決定権が拡大する中で議会の重要性が増すことは多くの人が指摘しています。したがって議会に対する議論が活発になることも結構なことであると思いますし、また、議会についての意見を誰もが発表することができること自体、自由のもたらす恵沢であるのでしょう。

　しかし議会への意見は単なる思いつきや一方的なあるべき論では困るのであって、なぜ、現状はそうなっているのかという事実に基づいた論理的な考察でなければ効果は期待できません。少子高齢化、人口減少といった課題に立ち向かい、地方創生に議会がその機能を発揮していくためには、議員がどのような議会活動を行っていくべきかをきちんと考察し、そのための手法を提示するべきである、と考えて毎月書き進んでいきました。

　単行本として一番お読みいただきたいのは、議会に関心があるけれど、どうもよくわからないな、と思っている議員のサポーターや、議会なんてわからない！と思っている普通の住民の方々です。日本の教育では、議会の機能や議員の仕事について触れられることはほとんどありません。加えてわからないのは、合理的な会議の進め方です。議会を傍聴

したり、中継を見聞きしても、どうしてそうなるかがわからなければ住民・国民は主権者たり得ないではありませんか。普通選挙制度、民主制とは、だれもが議会に参加し、活躍できることが前提なのですから。

　本書が4月から始まる毎月1章という形態をとっているのは月刊誌に連載したからですが、単行本化に際してもそれを残したのは、別のねらい＝議会活動・議員活動を計画的に、目標を立てて行ってほしい＝という理由からです。各章はそれぞれ完結していますから、関心をお持ちになったどの月から読み始めても構いません。新人議員の方は通読いただければ議会の1年はどのように回っていくのかが大づかみに把握いただけるでしょう。またベテラン議員の方は、経験してきたことを再確認できるはずです。

　日本の近代議会は五箇条の御誓文の第一「広く会議を興し万機公論に決すべし」により自然発生的に広まっていったようですが、会議というもの、人が集まって社会をつくる以上は必要なものですから、古代から行われていたことは明らかです。しかしただ話し合いを持つだけでは合理的に良い結論が得られるとは限りません。そこで、経験から作られてきた会議のための諸ルール＝会議規則を中心に、できるだけ具体的な解説を行って議会人が議会で活躍し、またその議会の活動が成果を挙げてほしいということが、著者の願いです。

　各章の本文は見直しを行って改めました。しかし議会紹介欄の議会内役職等は内容との兼ね合いもあり、掲載時のままとしたことをご諒解ください。

2014年10月

　　　　　　　　　　　　　　　　　　　　　　　　　　田口　一博

議会の？(なぜ)がわかる本
住民と議員の議会運営12か月

目　次

はしがき　i

まえがき　iii

4月　どうして議会は暦年なのか　1

議会の招集と暦年・会計年度　1
戦時体制と戦後改革　3
平成3年の国会法改正　7
通年議会の導入と法制化　8
改めて、毎年の起算日は　10

5月　議員任期と役職の改選　13

はじめに　13
議員の任期　13
任期満了を迎える前に、議会は　16
　〔引き継ぎ事項の整理／住民への活動報告／
　議会外の各種団体への任期満了通知〕　16
初議会の準備　17
　①選挙後の当選証書交付式の際　18
　②議員総会を開催する　18
　③役職人事の決定　18
　④会議の日程を決定する　19

v

⑤議会外諸団体の役職 ………………………………………… 20
　　⑥臨時議長予定者との打合せ ………………………………… 20
　役職選挙 ─────────────────────────── 20
　　〔議長を選挙するまでの会議／議長の選挙／議長が選挙されたら〕………… 20
　初議会までの議員の準備 ───────────────── 21

6月　6月議会でいいのかな　　23

　年4回の会期とは ─────────────────── 23
　まず、3月会期の理由 ───────────────── 24
　他の月の議会は？ ─────────────────── 26
　6月議会とは ───────────────────── 27
　国会審議活性化と地方議会の対応 ───────────── 28
　9月議会は決算議会 ────────────────── 30
　12月議会では新年度の議論を ─────────────── 32
　　暫時休憩　議会紹介　徳島県勝浦町議会 …………………… 34

7月　議員研修への取組み　　39

　職員の研修と議員の研修 ───────────────── 39
　議員研修の目的は？ ────────────────── 42
　知識の研修と技能の研修 ───────────────── 43
　①単独議会での研修 ────────────────── 46
　②議会間共同研修・派遣研修 ─────────────── 47
　③自己研修 ───────────────────── 49
　研修の目標設定と評価 ───────────────── 52
　　暫時休憩　議会紹介　山形県川西町議会 …………………… 54

8月 災害シーズンを前に　59

- 防災の制度 ─── 59
- 災害の未然防止 ─── 61
- 議会の防災計画 ─── 63
- 災害の被害拡大防止 ─── 65
- 災害復旧から復興へ ─── 66
- 議場・会議中の防災対策 ─── 67
- 寄附・請負禁止という別な問題 ─── 68
- 議会の防災訓練 ─── 70
  - **暫時休憩**　議会紹介　徳島県北島町議会 ………… 72

9月 決算はどう審査する　77

- 決算とはどういうものか ─── 77
- 決算議案ができるまで ─── 78
- 決算制度の変遷 ─── 79
- 決算審査の性格 ─── 81
- 決算審査の方法 ─── 83
  - 〔部課別の主要事業一覧／補助金等交付先一覧／歳入・歳出の対前年・長期傾向も要チェック／他自治体との比較〕………… 84
- 小規模自治体の監査委員事務局体制 ─── 86
- これからの決算審査 ─── 88
- 決算以外の監査の体制整備 ─── 90
  - **暫時休憩**　議会紹介　山形県小国町議会 ………… 92

10月　他自治体の視察　　　97

- 視察とは ───────────────────────── 97
- 視察の根拠 ──────────────────────── 98
- 準備の事務手続 ────────────────────── 99
- 随行者 ───────────────────────── 100
- 当日までの準備 ────────────────────── 101
- 持参すべきもの ────────────────────── 102
- 政務活動費による「旅行」─────────────────── 103
- 人的ネットワークづくりを ────────────────── 104
- 視察の対住民広報 ───────────────────── 107
- 管内・近隣の視察も ───────────────────── 108
- 議員派遣の手続きをお忘れなく ──────────────── 109
- 暫時休憩　議会紹介　新潟県町村議会議長会 ················ 111

11月　予算編成に向けて　　　115

- 予算、とは？ ─────────────────────── 115
- 歳入予算と議会 ────────────────────── 117
- 住民の意見を聴く ───────────────────── 119
- 個人の意見を議会の決定へ ────────────────── 121
- 予算委員会の常任委員会化を ───────────────── 122
- 望まれる予算議案の改善 ─────────────────── 123
- 自治体財務会計制度改革と予算 ──────────────── 126
- 暫時休憩　議会紹介　宮崎県新富町議会 ················· 128

12月　組織編成と議会　　133

- 議会の組織 ─────────────────────────── 134
- 執行機関の組織 ─────────────────────── 137
- 行政組織に関する議会の統制 ──────────────── 138
  - **Q&Aコーナー　一般質問の範囲について** ……………… 142
  - 暫時休憩　議会紹介　新潟県長岡市議会 ………………… 145

1月　予算案審査のために（上）　　149

- 予算の審査日程 ─────────────────────── 149
- 予算案審査の順序 ───────────────────── 152
  - 〔内容の詳細な説明／提案理由の説明／詳細説明〕……………… 152
- 予算案審査の目的 ───────────────────── 154
- まず、予算総則を見る ──────────────────── 156
- 予算の種類 ────────────────────────── 160
  - 暫時休憩　議会紹介　宮崎県西都市議会 ………………… 163

2月　予算案審査のために（下）　　167

- 新人議員の予算勉強法 ──────────────────── 167
- 編成方針 ─────────────────────────── 169
- 予算総額 ─────────────────────────── 172
  - 〔事務の執行体制と予算総額／執行を前提としない予算／
  - 予算総額の比較〕─────────────────────── 173
- 各論1　性質別経費と執行体制 ────────────────── 174

各論2　事業の目的と効果	176
予算案の修正	177
暫時休憩　議会紹介　岩手県葛巻町議会	180

3月　年度末補正予算　185

はじめに	185
補正予算の調製	186
補正予算の形式	187
補正予算以外の予算の変更	188
補正予算の活用方法	189
予算案質疑の方法	190
補正予算審査でのチェックポイント	192
〔年度末補正／10分の10補助〕	192
質疑のグレード・アップ	195
補正予算の専決処分	197
軽易な事項の専決処分の長への委任	198
暫時休憩　議会紹介　北海道津別町議会	200

あ と が き　205

索　　引　207

4月 どうして議会は暦年なのか

議会の招集と暦年・会計年度

現在の地方自治法は、議会の会期の原則と招集について、次のように規定しています。

> 第102条　普通地方公共団体の議会は、定例会及び臨時会とする。
> ②定例会は、毎年、条例で定める回数これを招集しなければならない。
> ③臨時会は、必要がある場合において、その事件に限りこれを招集する。
>
> （第4項以下略）

第2項で「毎年」と言っているのが、議会が暦年で開かれる根拠です。第208条第1項にある会計年度の規定は「普通地方公共団体の会計年度は、毎年4月1日に始まり、翌年3月31日に終わるものとする。」と書かれていて、予算の議決についての第211条第1項には「普通地方公共団体の長は、毎会計年度予算を調製し、年度開始前に、議会の議決を経なければならない。」です。地方自治法は毎年と毎会計年度とを書き分

けていて、議会は会計年度ではなく、暦年を示す「毎年」なのですね。

　条文の上では、なぜ、毎年なのかは説明されていません。法律がどうしてこのような規定になっているのかを調べるのはどうしたらよいでしょう。実務的には「誰かが解説書でこう言っている」を探しに行きたくなるところでしょう。確かにそれは一つの方法ですが、裁判の場合はそれだけでは済みません。法律がどのような変遷をたどってきたのかの沿革を調べることが最初に行われるのです。大抵の法令集を見ると、その条ごとに改正経過が書いてあります。今、調べている第102条第2項には、

　　・昭和27年法律第306号
　　・昭和31年法律第147号
　　・平成16年法律第57号

で一部改正、と書かれている筈です。この法律番号を、別表の後に延々と並んでいる改正附則と照らし合わせると、法律が公布された日がわかります。それによって改正法が公布された日の官報の最初に掲載されている「法令のあらまし」欄等を調べたり、法案が審議された際の国会の会議録を探したり、ということができる訳です。

　さて、こうして順々に遡っていくと、地方自治法の前、旧府県制、市制・町村制を経て、法令上の最初は三新法の一つ、府県会規則（明治11年太政官布告第18号）にたどり着きます。

　制定当初の府県会規則は、

> **第31条**　府県会ハ毎年一度三月ニ於テ之ヲ開ク
> 　　　　　　　　　　　　　　　　　　　　　　　　　（以下略）

とありました。明治11年当時の地方税規則によれば会計年度は7月から翌年6月。新年度予算を提案する府県会を3月に招集することが最初だったのです。会計年度は明治17年に4月始まりに改正され、明治23

年から施行されます。そしてそれに合わせて、府県会は3月招集から11月招集に改められました。当時は予算が議決されてから施行されるまでに、だいぶ余裕があったのですね。

　明治21年には、市制・町村制が定められます。市制・町村制は、市制という名の法律と町村制という名の法律が双子のように一緒に制定されたものです。規定内容はだいたい同じなのですが、あくまで別の法律で条文の置かれている位置も少し異なります。旧制度の解説書を見ると、市制第40条（町村制第42条）というような書き方で、両法の異なる部分が括弧書きにされています。制定当時の市制・町村制には会期や会議の種類については「市会ハ会議ノ必要アル毎ニ議長之ヲ招集ス」とだけでした。最初は招集権は議長にあったのです。会期の回数については府県制のように年何回何月、というようなことは規定がありませんでした。これはその前に府県ごとに施行されていた県令（現在の県知事）の定める（区）町村会規則に規定があったからでしょう。新潟県区町村会規則（明治17年甲第84号）第20条には「区町村会ハ毎年一度四月ニ於テ之ヲ開ク」とあります。

　ここまでをまとめてみると、会計年度が始まる前に議会を招集して、予算案を審議する。そこで、会計年度と議会が開会する周期とは別。制度が最初に作られたときの記憶が現代まで続いているから、議会の招集は会計年度とは別、ということになっている訳です。この考え方は、帝国議会＝国会と国の会計年度の関係でも同じです。

戦時体制と戦後改革

　市制・町村制には会期の回数や長さの規定がなく、定例会や臨時会という考え方もありませんでした。それらが規定されたのは、戦時体制とした昭和18年の地方制度改正です。当時の解説はそれまでの状況について、次のように述べています。

> 　現在市会は必ずしも会期を定めて招集する必要がなく、又一年中何時でもきまりなく招集出来る建前になって居るのであって、所謂**万年市会**となっている都市も少くない。（所謂万年市会にも議員の任期中閉会しないものと、暦年毎に開閉するものとの二種あるが、何れにしても此の場合大した変わりがない。）…市会の招集及開閉に節度ときまりを與え、市会の議事の刷新向上と市政の能率化とを図ったのである。（小林與三次「改正市制町村制（三）」、斯民(しみん)38編第5号、昭和18年）

　このときの市制町村制の改正で「通常会ハ毎年一回之ヲ開ク　其ノ会期ハ二十日以内トス」「臨時会ハ必要アル場合ニ於テ其ノ事件ニ限リ之ヲ開ク　其ノ会期ハ五日以内トス」というような規定が置かれました。
　何しろ当時は「如何にして此の緊迫した時局の要求と国家の要請とに応じて、寡少な人員を以て、繁劇多端を極める各種の重要事務を円滑迅速に処理せ得るか、と云うことが要点である。」という時代。自治を圧縮するものではないとは言いつつ、それまで県知事が規則で決め、各議会が自律的に決めていたことを一律に法定するということは最近の法令による義務付け、枠付けの緩和、条例化が行われる流れからすると、やはり自治権の尊重とは思えないことです。
　戦後の昭和21年、まだ日本国憲法の改正議論が緒につく前に、第一次地方制度改革が行われます。これは占領下に要求されるであろう、「民主化」をアメリカ側に強制される前にできるだけ日本側が発議してやっていこうという当時の内務官僚らの知恵によるもの。事実、まだ地方制度をどうするかまでの準備がなかったGHQ（聯合国最高司令官総司令部）民政局は、内務省側の提案を最初はほぼ丸呑みしたようです。第一次地方制度改正は、それぞれの地方制度を昭和18年の戦時体制前の「平時」に復元した上で、民主化を先取りしたもの。その多くは地方自治法制定時にも引き継がれました。

議会の会期に関しても、市制町村制は次のように改正されます。

> 市制第50条の2（町村制第46条の2）　市（町村）会ハ定例会及臨時会トス
> ②定例会ハ毎年六回以上之ヲ開ク
> ③臨時会ハ必要アル場合ニ於テ其ノ事件ニ限リ之ヲ開ク

毎年1回から6回以上とは、随分と大きな変化のようですが、実はこれでもまだ、だったのです。GHQとの折衝を振り返る当時の内務省関係者の座談会で、次のような会話が記録されています。

> **金丸三郎**（行政課事務官・当時）
> 　私の記憶では、選挙管理委員会は向うから言いだした。それから大きいものでは「都議会は隔月定例的に開くものとすること」も向こうです。
> **鈴木俊一**（行政課長・当時）
> 　これは十二回以上だったのを値切って六回以上にした。向こうの案は十二回以上で、少なくとも毎月開けということだった。（7頁）
> **鈴木**　都議会の「定例的に」というのは、十二回以上というのがチルトン（GHQ地方政府課長）の話で、そんなばかなことを言っても、市町村は一週間、県は二十日くらいしか開かんと説明したらやっと半分にした。そして「以上」をつけろということだった。（14頁）
> **鈴木**　議会の開会は「市会は隔月、町村会は年四回以上、定例的にこれを開くものとすること」とある。
> 　町村なんか最も必要だ。一回なんてとんでもない。議題がなくても集まってやれ。それが民主主義だということだった。（25頁）

> (「戦後自治史」座談会 第一次地方制度改正（昭和二十一年東京都制、府県制、市制、町村制改正）について 昭和33年12月3日）

　アメリカの感覚では、議会は議案を審議するところではなく、町のことを話し合うタウン・ミーティングなのでしょう。もちろん、全国一律の制度はありませんが、そこで多用されるのは議会への住民参加制度である公聴会。日本に民主主義をと考えていたGHQにとって、民主主義の学校といわれる自治の場で議会が年1回だけ、ということは考えられないことだったはずです。議会を議案審査中心の場からタウン・ミーティングの場とすることは、短い会期で短期間集中的に開会することではなく、年間を通して定期的に集会する現在の通年議会に近い考え方であることも理解できるでしょう。

　したがって戦後改革では、どのくらいの頻度で議会が開かれるべきであるかについては制度が大きく変わりました。しかしそこで誰によって何が話し合われるべきかについては、制度こそ改正されたものの、本質的な考え方が理解されたかというと、そうではなかったとしか言えないように思います。

　その後、地方自治法上の会期の回数は昭和27年改正で毎年6回以上が毎年4回に、昭和31年改正で毎年、4回以内において条例で定める回数へと減少していきます。もっとも、昭和27年改正の内閣提出法案では昭和18年改正への回帰、すなわち「通常会は、毎年二月又は三月にこれを招集しなければならない。その会期は都道府県にあっては三十日、市にあっては十日を例とする。」だったのです。この案に各議長会や議会は猛反発して、年4回に修正され定例会の回数を決定されたものの、会期の長さはその都度の議決により、また臨時会の開会は随意となりました。この時代が長く続くことになります。

平成3年の国会法改正

　平成3年に通常国会の召集時期が変わりました。当時の国会は12月に予算案を審議するための通常国会が召集されることになっていました。予算案は財政法の規定によれば、12月中に国会に提出されなければならないものの、大正時代以来、国会に提出されるのは1月になってから。だから国会は召集はされるものの、そのまま年末年始の自然休会になるのが慣行でした。会期は国会法第10条で150日と決まっているのですが、自然休会で1か月近く会議を開かないので、審議活性化のために召集時期を1月とするよう、国会法第2条が改正されたのです。

　このとき、日本国憲法第52条が「国会の常会は、毎年一回これを召集する。」としていたことが多少問題に。平成2年の常会である第120回国会は12月10日に召集され、平成3年5月8日までが会期。その後、3年中には8月5日から61日間と11月5日から47日間の臨時会が開かれていますが、常会の召集は、翌4年の1月24日なので、毎年1回の常会が召集されていないではないかとも言えます。しかし、第122回臨時会が12月21日まで開かれていたわけで、その後に常会を召集して自然休会しても、ここまでで237日会期があったのですから、あまりに形式論であろうと議論にはなりませんでした。国会は臨時会であっても扱う案件があらかじめ告示した事件と緊急案件に限られるという地方議会のような限定がなく、通常会との間に内容の差がないからです。

　このことから、憲法が毎年1回というのも、言いたいことは国会が開かれない年があってはいけないよね、であることが確認できることと思います。

　1月召集になると従来5月中旬だった会期末は6月下旬に変わります。多くの法案が成立するのは会期末。すると、地方議会がそれまで慣例としてきた6月議会はまだ国会の会期中となりました。最近、都道府県議

会では6月中旬に招集、下旬までの会期だったものが、次第に下旬招集、7月初めまで会期へと変わってきています。

通年議会の導入と法制化

　平成16年の地方自治法改正では構造改革特区による定例会の回数制限の廃止が全国に適用になり、「毎年、四回以内において条例で定める回数」の回数部分が削除され、単に「毎年、条例で定める回数」招集されるべきことになりました。これまでの改正経過と考え方を変えるのであれば、定例会の回数は再び増える方向に、とも考えられますが、そこで起こったことは、これまでとは逆に、さらに回数が減少する代わりに、1回の会期の開会日数が増える、という方向です。これが後の通年議会へとつながります。

　制度は一日で変えることもできますが、変わらないのは考え方です。会期制度をはじめ、常任委員会など、大きく変わった点もあるのですが、多くの町村議会では、むしろあまりそのような制度改正にはかかわらず、実態として従来からの運用を続けてきたように思います。以前から議会改革に取り組んできた三重県議会が年2回・長期会期の通年化を行うと、これまで、実質的に会期外にも全員協議会等として活動を行ってきた町村議会が、定例会は年1回として長期会期化し、通年議会を名乗るようになります。北海道白老町、宮城県蔵王町、神奈川県開成町は暦年で、北海道福島町、熊本県御船町は会計年度によっていますが、いずれも3、6、9、12月に本会議を開くことは従来と同じです。事情は少しずつ違いますが、地方自治法第102条第2項の「毎年」は、実際、その年に会議が開かれていれば憲法第52条と国会法第2条の関係を類推すれば、会計年度にしても問題はない、と解されます。毎年とは暦年である根拠とされた行政実例は国会法改正はるか以前の昭和27年のもの。いずれにしても今日では技術的助言ですから拘束力はありません。

その間、第29次地方制度調査会答申（平成21年6月16日）では、第3　議会制度のあり方　2　議会制度の自由度の拡大　の中で、できる限り選択の余地を認める方向で見直しを行うことも、議会の機能の充実・強化に資するものであるとして、⑵議会の招集と会期に関して、次のように述べました。

> 　議会運営の柔軟性を高めるとともに、議会活動の活性化を促す見地からは、議会運営のあり方についても、より弾力的な形態を考えていくことが求められる。例えば、諸外国の地方議会においては、毎週定期的に会議を開催するなどの運営も行われている。このような議会運営は、多様な人材が議会の議員として活動することを容易なものとするほか、住民にとっても傍聴の機会が拡大するなど、住民に身近な議会の実現に資するものと考えられる。
> 　長期間の会期を設定してその中で必要に応じて会議を開く方式を採用することや、現行制度との関係や議会に関する他の諸規定との整合性に留意しつつ、会期制を前提としない方式を可能とすることなど、より弾力的な議会の開催のあり方を促進するよう必要な措置を講じていくべきである。

この答申に基づき総務省で地方自治法改正案が起案され、さらに第30次地方制度調査会で検討されたのが、平成24年9月の地方自治法改正による「通年の会期制」です。地方自治法で会期を規定する第102条の次に、1条が新たに加えられました。

> **第102条の2**　普通地方公共団体の議会は、前条の規定にかかわらず、条例で定めるところにより、定例会及び臨時会とせず、<u>毎年</u>、条例で定める日から翌年の当該日の前日までを会期とすることができる。

②前項の議会は、第四項の規定により招集しなければならないものとされる場合を除き、前項の条例で定める日の到来をもつて、普通地方公共団体の長が当該日にこれを招集したものとみなす。

(第3項以下略)

　ここでも第1項で「毎年」という文言は残っています。しかし会期の開始日は1月1日ではなく、「条例で定める日」。ということは「毎年」という語の意味はこれまでの暦年とは限らなくなり、任意の日でよい、ということです。すると、第102条の2の「毎年」と、もともとの第102条の「毎年」とは違う、というのもおかしな話になります。

　結局、議会はどうして暦年なのかは、予算を会計年度前に議決するからだったのですが、平成24年の通年の会期制導入により、これまでの定例会・臨時会方式を採る場合でも、議会の会期の数え方については、年を単位としていれば、会計年度であれ、任意の期間で良くなった、と考えてよい、が結論です。

改めて、毎年の起算日は

　定例会・臨時会方式を採る場合もそうですが、「条例で定める日」が問題となる通年の会期制を採る場合でも、「毎年」が何月何日に始まるにせよ、その日に会議が開かれなければならないということはありません。しかし年間を通して会期とすることで議会の公式活動の範囲を広げるということから考えると、通年の会期制の場合は議会が開会していない時期があることは望ましくありません。また、一般選挙後の最初の議会のみ、長が招集することとされていますが、議会の解散が行われない限り、任期満了前に一般選挙を行っているのですから、任期開始日には議会が活動を始めていることが「通年」ということからも望ましいでしょう。

もちろん、任期の開始日にはいろいろな日があり、中には1月1日や4月1日もあるでしょう。それでも、一般論として通年の会期制を採る場合の会期の開始日として条例で定める日は、議員の任期の開始日とするのが、長による最初の招集に恣意が生じませんし、任期満了の際もきれいなので、もっとも妥当なのではと思います。

参考文献
◎天川晃『戦後自治史関係資料集第5集　特別資料編』平成24年、丸善
◎佐藤英善『逐条研究　地方自治法Ⅱ』平成17年、敬文堂
◎全国町村議会議長会『町村議会実態調査』昭和30年～平成25年
◎全国都道府県議会議長会『都道府県議会提要』昭和44年～平成18年
◎西尾勝『権力と参加　現代アメリカの都市行政』昭和50年、東京大学出版会
◎藤田九二『新潟県区町村会法規解釈』明治17年
◎山中永之佑『近代日本地方自治立法資料集成Ⅰ　明治前期編』平成3年、弘文堂

5月 議員任期と役職の改選

はじめに

　地方議員は任期の決めがない終身制や、3年ごと半数改選という時代もありましたが、現在では4年ごとに全員が改選されます。
　日本国憲法の施行にあわせた最初の地方議員選挙は昭和22年4月30日。また、昭和・平成の合併でも、新設合併の期日を会計年度に合わせた例も多く、5月は議員や議会内役職の改選が集中的に行われる時期です。そこで今回は議員の任期の開始・終了と議会内・外の役職改選についてまとめましょう。

議員の任期

　地方自治法は、議員の任期を次のように規定しています。

> 第93条　普通地方公共団体の議会の議員の任期は、四年とする。
> ②前項の任期の起算、補欠議員の在任期間及び議員の定数に異動を生じたためあらたに選挙された議員の在任期間については、公職選挙法第二百五十八条及び第二百六十条の定めるところによる。

議員・首長等の選挙に関する規定は、もともと地方自治法第2編第4章にあり、ここを見るだけで地方選挙は執行することができました。昭和25年に公職選挙法が制定された際、全部削除され、衆議院選挙の規定を読み替えたり、準用したりの極めてわかりづらい法律になってしまいました。その後、地方自治法の選挙規定はわずかに「公選法を見よ」という規定が復活しましたが、選挙関係規定は現在に至るまで二つの法律に泣き別れ状態になっています。

> **公職選挙法第258条**（地方公共団体の議会の議員の任期の起算）
> ⒜地方公共団体の議会の議員の任期は、一般選挙の日から起算する。
> ⒝但し、任期満了に因る一般選挙が地方公共団体の議会の議員の任期満了の日前に行われた場合において、前任の議員が任期満了の日まで在任したときは前任者の任期満了の日の翌日から、
> ⒞選挙の期日後に前任の議員がすべてなくなつたときは議員がすべてなくなつた日の翌日から、それぞれ起算する。
> 　　　　　　※⒜〜⒞は説明の便宜のためのものです。

　任期満了による一般選挙は任期満了日前の30日以内に（公選法33条1項）、解散による一般選挙は解散の日から40日以内に（同2項）行うこととされています。解散の場合にはその時点で任期は終了し、空白期間を挟んで、選挙の日に新たな任期が始まります⒜。任期満了ではその前に選挙を行いますから⒝前の任期の満了の日の翌日が任期の開始日となるのが原則です。ただ、議会の解散や議員辞職はいつでもできます。制度的には任期満了選挙をしている最中に議会を解散してもよいのです。そんなことはしないでしょうが、一応可能ですから、念のための規定⒞もあります。

　一般選挙以外の選挙には、欠員を補充する補欠選挙と、議員定数が増

加した場合の増員選挙があります。それらで選挙された議員の任期は、選挙の日から始まりますが、任期の終了は一般選挙による議員の任期満了日と同じ（公選法260条）です。

> 補欠選挙の有無の規定は複雑です。①欠員が一定数にならないと選挙をしないルールと、②一定数にならなくても、同じ選挙区の同じ自治体選挙が行われれば、補欠選挙となること、③補欠選挙の理由があっても、期日によっては選挙をしなくてよい場合があるからです。公選法113条に規定があります。
> 　議員選挙と首長選挙が別々に行われている場合で、欠員数1でも補欠選挙が行われることとされる日は？　の質問がよくあります。第3項のただし書き中の括弧書き「当該市町村の他の選挙の期日の告示の日前十日以内に」欠員通知があったときには補欠選挙は行わない、を裏返して読みます。何ともわかりづらい……
> 　現職議員があらかじめ首長選挙告示日の10日以上前に許可を得て議員辞職したときは議員の欠員数が1でも首長選挙と同時に補欠選挙が行われるけれど、辞職せずに首長選挙告示日に立候補を届出て自動失職した場合は、その補欠選挙はなしです。なお、当該市町村の他の選挙ですから、補欠選挙は同一市町村の首長選挙のときにのみ行われ、たとえ選挙区が同じでも、都道府県議会議員選挙では行われません。

　昭和22年の憲法施行から4年ごとの「統一地方選挙」は、その都度、選挙の期日を統一する特例法を作って行われています。なぜ、統一するのかという理由にはいくつかあります。執行する側の理屈としては、各地の選挙を同じ期日に固めることで選挙の啓発効果を高めるという点と、事務が錯綜する期間がいつまでも続かないように、一度に済ませてしまおう、という点があるようです。

4月の選挙は年度をまたぐこともあり、予算執行等もやっかいです。そのためこれまでには任期を半年延長して10月に統一選とする法改正の動きもありましたが、成立しませんでした。
　なお、議員の任期は法定されているので、条例等で任期を伸縮するような法律の例外を作ることはできません。

任期満了を迎える前に、議会は

　議会の仕事として、任期満了前に何をしなくてはならない、という法律上の義務付け規定はありません。しかし、次の任期への引き継ぎ事項と、この任期中にどのような活動をしたのかを住民への報告は整理しておくべきでしょう。

・引き継ぎ事項の整理
　常任委員会、議会運営委員会で決定した事項は、会議規則や委員会条例の関係する条文ごとに議会事務局において整理しましょう。また、検討したが決定に至らなかった事項等も文章化し、委員会の会議にかけて「来期への申し送り事項とする」ことを議決しておくことが望ましいと思います。これをまとめていけば先例集を作ることができる訳です。議案の「一時不再議」とは異なり、選挙で議員が改選され、議会の構成が変わっても、議会運営に関する先例や申し合わせ事項というものは蓄積されていくのが普通です。最近では議会基本条例などで任期が変わるごとに諸規程や先例を評価・見直しを行うことと定めている議会も現れています。議会には義務はありませんが、首長では引継ぎを拒むと過料の規定があるのです。次期の議会が前期の到達点から出発できるようにしておきましょう。

・住民への活動報告
　議員は任期中、住民の負託を受けてどのような議会活動を行い、議案の賛否等についてはどうであったのかを、統一した様式に記載して議会

だより等で公表すべきでしょう。衆議院議員総選挙にあわせて行われる最高裁判所裁判官国民審査のために発行される「審査公報」がモデルです。これは任期が切れる前の最終定例会終了後、できるだけ速やかに配布すべきです。

・**議会外の各種団体への任期満了通知**

　議会事務局は議員・議会内役職者である故に選出されている各種団体等の役職について、あらかじめ議員の任期満了による手続を依頼しておかなければなりません。

　これら役職にはさまざまなものがあります。議員の任期が切れることで、その役職の任期も当然に終了する場合では、次の者が選任されるまでの間、空席となることで支障がないように会議日程等を調整する等の配慮を求める必要もあります。議長が充て職で法人の理事に就任している場合などでは、任期満了による解職と登記手続と合わせて、交替者の選任依頼を受ける等、選任の形態に応じた手続きを行う必要があります。

　最近では少なくなったと思われますが、自治体の各種審議会や長の諮問機関等に対しても同様です。農業委員会の学識経験者委員を議会議員の中から推薦している場合は、本来議会議員の任期とは関係ありませんが、解職を依頼する場合もあるようです。

　役職に就任している議員は、任期の最終年になったら、役職就任先の事務局にその旨を伝え、会議の日程等に支障を来たさないように計画をたてるように依頼すべきでしょう。また、議会事務局も選挙日程が内定した際には議員の役職就任先等と連絡をとり、円滑に交替ができるよう図りましょう。

初議会の準備

　議員任期のはじめにあたり、正副議長の選挙等、議会の構成を行う議

会を「初議会」と呼びます。任期開始後の定例会の冒頭で行うこともできますが、常任委員会の調査活動等が少しでも早く始められるよう、臨時会を開くことも行われています。また、前述の議会外の諸団体への議会からの就任者が欠けていると、5月の総会シーズンには迷惑をかけてしまうこともあります。改選・任期開始後できるだけ早く、議会を開会すべきでしょう。

　なお、地方自治法に基づく通年の会期制を採る議会でも初議会に限り首長による招集行為が必要です。

①選挙後の当選証書交付式の際
　任期の開始日に議員総会を開催する旨、議会事務局長の名で開催通知を手渡すのが一般的と思います。
②議員総会を開催する
　選挙後、任期開始までの間に議員間で調整し、議員総会の場で議会内・外の役職人事を決める議会もあります。
　また、大人数で会派制をとる場合、議員総会はあいさつや首長部局の幹部職員紹介程度で終了し、その後代表者会議（議会運営委員会にかわるもの）を開催して役職人事を詰める議会もあります。
　議員総会は会議規則で規定すれば、協議又は調整の場の一つとすることができます。
③役職人事の決定
　この項も議会によりまちまちです。一般に大規模議会では、事前に調整しないと会議を開けませんが、小規模議会ではその場での対応でも、休憩を挟みながら行えば可能でしょう。
・決定すべき事項
　議長、副議長、常任委員（正副委員長）、特別委員会の設置と委員・正副委員長、議会選出監査委員、議会が推薦・選出する各種の役職等
　議長・副議長や委員長は、事前の調整で全員一致となれば、投票によ

る選挙に代えて、「〇〇議員を当選者とすることに異議がないか」を諮る指名推選とすることもできます。かつては指名推選で当選すると、「全員一致だった」と当選者は鼻が高かったのですが、最近では事前の調整で決めずに議場で立候補を表明し、立会演説を行って投票による選挙とする例もあるようです。事実上の「立候補制」の運用は差し支えありませんが、選挙の手続は地方自治法に規定されているので、「立候補」していない議員への投票があった場合でも、有効投票として扱わなければなりません。

　議会選出監査委員には、任期終了後も後任者が任命されるまでは職務を行うことができる規定があります（地方自治法197条）。しかし議会から誰を出すかが決まったら、それを首長に通知し、選任の理由や経歴を入れた議案の提出を求めるべきです。事務局の仕事としては、議員全員分の経歴等を所定の様式でいつでも出せるように準備しておき、監査委員となる議員が決まった段階で直ちに首長に議案の作成を依頼するのが一般的でしょう。

④会議の日程を決定する

　定例会・臨時会方式をとる議会では、役職人事を臨時会で行う場合、長に対し、議長・副議長の選挙、常任委員の選任等を付議事件として臨時会招集請求を行うこととなります。議会選出監査委員の選任議案は首長が提出することですから、緊急案件（102条6項）として開会後の追加提出の扱いとします。

> 　通年の会期制方式の議会では、一般選挙後最初の会期のみ、首長が招集することが必要です。この会期の初日は通年の会期制とする条例（地方自治法102条の2）で任期の開始日としておくことが、常時活動状態におくという法の趣旨に沿い、妥当と思います。条例に招集日が規定されていない場合は、従来の臨時会と同様、議会の意向を首長に知らせ、招集告示を依頼する必要があります。

> 通年の会期制では会期の決定が必要ないため、必ずしも招集日に会議を開かなくても構いませんが、その場合は招集日（以降）、いつ会議を開くかの開議通知を臨時議長となるべき年長議員又は議会事務局長の名で別に通知することも必要です。

⑤議会外諸団体の役職

　選任依頼等をとりまとめ、どのように扱うか協議しておきます。

⑥臨時議長予定者との打合せ

　事務局は臨時議長を務める年長議員と議長選挙までの日程・進め方について、確認しておきます。また、議事説明員の出席を要する場合、長等執行機関に対し、出席要求も行わないとなりません。

役職選挙

・議長を選挙するまでの会議

　臨時議長が議長席に着き、開会を宣言します。臨時議長は当日の会議の出席議員のうちの最年長者が就任しなければなりません（107条）。当選議員のうちの年長者が、臨時議長に就任したくない等の事情がある場合は、その間、議場から退席していただかなければなりません。

　臨時議長は仮議席を指定し、出席議員数を報告し、直ちに議長の選挙を行います。

・議長の選挙

　議員だけにではなく、住民にもなぜ、この議員が議長に選ばれたのかをわかりやすく、と所信を表明して立候補制とするのが最近の新傾向のようです。とはいえ議会は執行機関ではありません。議長の考えを実現するのが議会ではなく、あくまで公正指導の原則によってよい議会運営をするのが第一なのではと思います。

　選挙手続の一部は公職選挙法が罰則も含め、準用されます。買収等は

もっての外ですが、常識の範囲で運用すれば、さほど支障はないでしょう。なお、選挙手続については、会議規則で規定されている部分があります。公職選挙法では投票立会人・開票立会人・選挙立会人がそれぞれ選任されますが、議会の選挙ではやや緩く執行されています。

- **議長が選挙されたら**

臨時議長の権限は議長が選挙されるまでです。国会では正副議長の選挙までの議事は事務総長が進行します（国会法7条）。しかし地方自治法には事務局長が会議を主宰できる規定がありませんから、議長の選挙は臨時議長が行い、議長が選挙されたら、直ちに交替して副議長の選挙は新議長の進行によらなければなりません。

事前に調整が行われ、指名推選により議長が決まる場合は、議長就任予定者と打ち合わせができますが、その場の選挙により議長が決まる場合は、一旦休憩し、それ以後、副議長・常任委員等の選任等の手続について議長と確認のうえ進行することがよいと思います。

初議会までの議員の準備

議会で選出されて就く役職がある一方、地方自治法の規定により議員になったら辞めなければならない役職もあります。

> 第92条の2　普通地方公共団体の議会の議員は、当該**普通地方公共団体に対し請負をする者**及びその支配人又は主として同一の行為をする法人の無限責任社員、取締役、執行役若しくは監査役若しくはこれらに準ずべき者、支配人及び清算人たることができない。
> 第127条　普通地方公共団体の議会の議員が被選挙権を有しない者であるとき又は第九十二条の二…の規定に該当するときは、その職を失う。その被選挙権の有無又は第九十二条の二の規定に該当

> するかどうかは…議会がこれを決定する。この場合においては、出席議員の三分の二以上の多数によりこれを決定しなければならない。

　92条の2と、枝番号が付いていることからわかるように、請負禁止の規定は制定当初の地方自治法にはなかったもの。議員が関わっている会社等との請負契約議案などは、その議員を除斥して議決すればよい、が最初の考え方だったのです。この規定は議会の会期を減少させるなどの昭和31年の逆コース改正で追加されました。請負禁止は自治体議会議員のみの規定で、「常勤」と言われる首長や国会議員にこのような規定はありません。執行を行う首長には請負禁止はなく、議事しか行わない議員には請負を禁止するという何とも不可思議な規定。なお、条文解釈上、指定管理者は行政処分なので請負には含まれません。

　請負禁止規定が営業以外の委託や補助等に広く解釈されると、都道府県や大都市ではともかく、町村では議員となる際の大きな制約になっています。もともと、地域でさまざまな役職などを引き受け、その活躍が認められて議員に推される、というのが一般的。特に小規模町村では、行政機能の多くが非営利の住民団体等によって担われています。住民団体が町村の広報紙の配布を依頼されることが、果たして請負かと思いますが、現実にはさまざまな裁判事例が存在します。そのような団体で活躍している者が議員に推されると、請負禁止規定によって活動を離れなければならないことになるのです。

　地域で活動しているのは、会社人間である男性よりも女性。すると、この請負禁止規定は、地域で活躍している女性を狙い撃ちにして議員に出させないようにしている規定だ、と言われてもしかたがないでしょう。有為な地域の人材が広範に議員に就任できるようにするため、この請負禁止規定は一刻も早く廃止してほしいものです。

6月 6月議会でいいのかな

年4回の会期とは

　平成24年の地方自治法改正で、議会の会期制度は毎年、条例で決まった回数の会期に会議を開く「定例会・臨時会方式」と、会期の長さを1年間とし、あらかじめ条例で定められた定例日に会議を開く「通年の会期制」とになりました。今回はその2種類と、従来からの「運用による通年議会」とも共通する、「いつ、会議を開くべきなのか」がテーマです。

　これまでの議会の会議は、3月・6月・9月・12月に開会してきたと思います。でも、議会が3月から3か月おきに開会するのはなぜでしょう？

　4月の章で紹介したとおり、地方自治法が作られたとき、議会の会期制度は、何を議論するために、何月に開け、と決められたものではありませんでした。民主主義とは、議題の有無に関わらず、毎月集まって会議を開け。そのためには年12回会期とせよ、という占領軍の意向を、議案はそんなにはないからと、半分の年6回（以上）に値切った話が発端です。

　民主化は議会から、と始まった訳ですが、日本国憲法施行に先立つ第1期の議会議員選挙前には「公職追放」が行われました。戦前期に議員を務めていたなど、まちの有力者の多くが、戦争に協力したとして現職

追放され、立候補もできなくなりました。だから、戦後第1期議会の議員は、初めて選挙に参加できた女性を含め、新人議員ばかり。集まって話し合うのが議会だと言われても、首長から議案が出てこない会期には、何をしたらいいのか、正直わからない、ということも実態だったようです。当時の調査をみると、地方自治法が年6回以上というから、招集はするけれど、議案がないから開会しなかった、という例もあったようです。

戦後の議会は、本当は証人、公聴会や参考人招致という、主体的に調査活動を行う議会へと進化しなければならなかった[※1]のです。けれどもそのような方向に誘導されることはなく、昭和27年の独立回復後は毎年の会期数を減少させ、さらに議会の活動内容を実質制限する方向へと制度・運用ともに変えられていきました。

と、いうわけで会期は年4回（以下）の時代が続きましたが、それは結果で、何月には何をするということは決められておらず、結局のところ、各議会ごとの慣例による運用が行われてきたのです。

まず、3月会期の理由

年4回の会期のうち、3月だけは地方自治法で会議が開かれなければならないことが決まっています。

> （予算の調製及び議決）
> **第211条** 普通地方公共団体の長は、毎会計年度予算を調製し、年度開始前に、議会の議決を経なければならない。この場合において、普通地方公共団体の長は、遅くとも年度開始前、都道府県及び第二百五十二条の十九第一項に規定する指定都市にあつては三十日、その他の市及び町村にあつては二十日までに当該予算を議会に提出するようにしなければならない。

3月会期は次の年度の予算案を審議するためです。国会が1月に予算案の提案を受けることと比較すると遅いのでは、とも思います。しかし政権交代の影響で国の予算案編成が遅れた平成25年度は、地方財政計画が決まらずに、当初予算案を骨格予算にせざるを得なかったという話も聞きました。良い、悪いは別にして、国、都道府県と順番に予算案が決まっていかないと編成できないのが市町村予算案ですから、現在の3月議会も、やむを得ないのでしょう。

　地方自治法が規定している予算案の提出期限は「するようにしなければならない」という妙な書きぶりですが、もちろんリミット。議会は余裕をもって提案を受け、充実した審議を行わなければなりません。

　3月議会には、予算案に関連した議案もいっしょに提案されるのが通例でしょう。その中には歳出関係の条例改正や、行政組織改正のほか、地方税関係条例や手数料条例といった、歳入関係条例も含まれていると思います。本来の順番は歳入関係条例を改正する結果、歳入予算が決まるわけですから、法改正と関係なく独自に決定できる手数料条例等は、予算案と切り離して12月議会までに議論し、その結果をもって予算編成を行う方がよいでしょう。

　問題になるのが年度末ぎりぎりに法改正がなされる地方税法による条例改正です。参議院の議決・公布がいつも3月30日・31日ごろなので、公布があった段階で専決処分をしている例がまだ多数見られます。しかし、地方税法の改正法案は1月に国会に提出され、3月初めまでには衆議院を通過しているのが原則です。

　万一、参議院が異なった議決をして衆議院に再回付されるようなことがあればやむを得ませんが、これまでのところ、地方税法改正案に関してそのような事例はありません。したがって、税関係条例の専決処分を避けきちんと議会で審議するためにも、公布予定法案として扱い、衆議院の議決どおりに議決しておくのがよいと思います。

　本来、国会は地方議会が余裕をもって審議・議決できるよう、早期に

予算案・予算関係法案を議決し、すみやかに公布できるようにすべきなのです。

> 　本来、法律の公布を確認して３月末に会議を開く、ということをお勧めしたいところです。しかし、３月末日に会議を開くと、その年度の出納の確定をして予算を補正しなければなりません。物理的な問題としては、31日の閉庁時刻後に計算を行い、数値が出たら会議を開けば良いのですが、あまり意味はないでしょう。31日の日中に会議を開いたとしても、年度末整理のために、予算は再度、専決処分で確定させなければなりません。
> 　もっとも、その後の４月・５月の出納整理期間が問題です。現金主義を採っている自治体財務制度では、調定（歳入）、支出負担行為（歳出）をしても、実際に現金が動くには日数がかかるので、そのためにこの２か月が設けられています。旧年度中に債権・債務が確定したが、３月末までに現金が動いていなくても、５月末までは出納できる、という例外期間です。ところが、実務的には出納整理期間になっても３月31日がずっと続いて（？）いて、新たな債務負担行為を遡って（！）行わなければ対応できないような請求が届き、対応に苦慮する、ということもよく聞くことです。法的にはあり得ないことですからそのようなことがないようにしていくのが第一ですが、現実的な対応もしなければならないことです。
> 　関係機関と十分打ち合わせの上、３月議会で現年度予算をできる限りのところまで補正するよう、改善していくべきでしょう。

他の月の議会は？

　議会の経験者なら、９月は決算が、等と言えるかもしれませんが、少

数ではあるものの、12月に決算を審議している議会もありますし、今、9月に決算を扱っている議会でも、かつては12月だった時期もあるのではと思います。6月議会で何をやっているのかをいろいろな議会に聞いてみると、それもまちまちのはず。予算案を除き、何月にどんな議題を扱うかは、その議会により異なるのです。

6月議会とは

　さて、今回考えたいのが6月議会です。あなたの議会では、6月議会の議題は何でしょう？　実態調査を見ると、6月議会では議案はあまり提案されないのに、閉会後の7月から9月定例会の間に議案審議のための臨時会が招集され、補正予算や契約議案のほか、条例改正案なども提案されているようです。なぜでしょう。原因は国会です。

　通常国会はまず、予算案を審議します。政権交代があった平成25年は当初予算案編成そのものが大幅に遅れましたから例外ですが、通常は1月中旬に国会が召集され、予算案とそれに関係する法案（提出予定案件表に、予算案関係であるとして「※」印が付けられるので、コメ印法案などと呼ばれます。）がまず提出されます。予算案は憲法60条1項の規定により先に衆議院に提出されます。衆議院の議決後、参議院は30日以内に議決しないと同条2項の規定で議決の有無にかかわらず「自然成立」してしまいます。だから3月初めまでには参議院に送られることがほぼ、慣例となっています。

　一方、予算案に直接関係のない法案は、予算案が衆議院を通過してから国会に提出されるのが通例のようです。かつては衆議院が予算案を審議している間に参議院がそれ以外の法案を審議していたこともあったのですが、最近は参議院先議になる法案はあまりありません。予算案が衆議院を通過する3月の初めには法案が国会に提出され、会期末までかけて順次審議。そして法律として成立し、準備が整って公布されるのが5

月から6月頃なのです。

ちなみに、議会関係規定の改正が必要となることが多い地方自治法の改正がいつ公布されているのかを見てみましょう。

1月	2月	3月	4月	5月	6月	7月	8月	9月	10月	11月	12月
—	—	5	3	11	10	2	2	1	—	2	3

地方自治法の主要改正[※2]は、昭和22年4月の制定以来、平成26年6月までに36回。それに地方分権一括法等、地方自治法の主要部分が改正された3回を加えて、計39回の公布日を月別に見ると5月、6月が圧倒的なのです。そして地方自治法以外の法律でも、この傾向には変わりありません。

法律が公布されると、条例の制定や改廃が必要になるものがある訳です。しかし、条例案等を立案するための政令や省令がすぐに公布されるか、というと、それは無理な話。「法令による義務付け、枠付けの緩和、条例化」と言う時代になっても、国が作る、自治体が基準とすべき基準がなければ始まらないのです。義務付け枠付け論が始められてから、むしろ自治体の自律化が難しくなってしまったのは困りものですね。

さらに、最近では内閣提出法案であっても、修正されることが珍しくありません。だから、予定で条例案を作っても、それを議会に提案してしまう訳にもいかないのです。結局、国会よりも早く6月議会が終わってしまうため、9月議会までの間に臨時会を招集することになったり、専決処分が行われたり、ということが起こってしまうのです。

国会審議活性化と地方議会の対応

国会はかつては12月に召集されていました。財政法の規定により新年度予算案が12月に提案されることになっていたからです。けれども

予算案は年末ぎりぎりに一応、提出はされるものの審議には入らずに国会は年末・年始の自然休会に。それでは150日という会期がもったいない、ということで、平成4年からは1月召集へと改正されました。それにより、かつては5月中旬が会期末だった国会は、6月中下旬が会期末へと変わりました。当然のことながら、法案の成立は5月から6月に。法律として公布されるのは6月から7月にかけて、となった訳です。**つまり、6月議会のミッションを通常国会対応であるとするならば、平成4年以降は7月中旬以降の開会にしないとならなくなっているのです。**

　国の法令の改正の影響を直接受ける都道府県議会では、6月議会の開会を少しずつ後ろに動かしていったところがあります。都道府県議会では、会期自体が長く取られているのですが、今では招集も7月としているところも珍しくありません。

　さらに、7月中旬には国の当初予算が成立してから始まる補助金交付の手続が進み、補助の内示や交付決定を受けることができる時期ともなります。すると議会に補正予算や契約議案なども、提案することができるわけです。

　議会の日程を動かすということは、その自治体のすべての行事や仕事の進行に関わることですから簡単ではありません。しかし、6月議会が閉会した直後、法令の改正や補助事業の開始などがある、それにより臨時会が招集されることが続くと、「6月議会では議案はあまり出てこないのだから、議案を出せる時期に会期をずらせばよいではないか」が正しい対応なのではないでしょうか。まして専決処分があることが「議会は何をやっているのか」「議会と長とのなれ合いではないか」と問題視されるようにもなっています。地方自治法は、専決処分の要件をまず客観的なものとし、さらに適用対象を厳格化する改正が行われたのです。

　先の囲み部分で示したとおり、専決処分を完全になくすことはできないのですが、しかしそれがわかっているのであれば、緊急案件であるとはせずに、条例できちんと範囲を限定して長に権限を委任することが妥

当であると思います。

9月議会は決算議会

まず、企業会計を持っているところでは、企業会計の決算が出てきていると思います。これは地方公営企業法の規定によります。

> ○地方公営企業法
> ・第30条（決算）
> 【昭和27年制定時】
> 2　前項の規定による決算及び同項の規定によりあわせて提出すべき書類の提出を受けたときは、地方公共団体の長は、これらを監査委員の審査に付し、その意見をつけて、遅くとも当該事業年度終了後三月を経過した後において最初に招集される議会の認定に付さなければならない。
> 【現　行】
> 4　地方公共団体の長は、第二項の規定により監査委員の審査に付した決算を、監査委員の意見を付けて、**遅くとも当該事業年度終了後三月を経過した後において最初に招集される定例会**である議会の認定（地方自治法第百二条の二第一項の議会〔通年の会期制の議会〕においては、遅くとも当該事業年度終了後三月を経過した後の最初の定例日（同条第六項に規定する定例日をいう。）に開かれる会議において議会の認定）に付さなければならない。

事業年度は3月末に終了、そこから3か月を経過するのは6月末。「遅くとも」ですから、早い分には一向に差し支えないのですが、実務的には6月議会の7月議会化を阻害している最大要因はこれです。

もっとも、監査委員事務局に人手がある都道府県や大規模市はよいの

ですが、小規模町村で7月議会化するときには、ほとんどの場合、2、3人しか在籍していない議会事務局が兼務している監査委員事務局として、7月に企業会計決算の審査を終え、意見書を出せるかどうかはよほど工程管理を見直さないと難しいと思います。そのためには、事業年度末を待つことなく、第3四半期を終えるまでの間に監査を行っておく等の対応をしておくとやりやすいのでは、と思います。

一方、一般会計・特別会計の決算に関する地方自治法の規定は恐ろしく（！）のんびりとしています。

・第233条（決算）
3　普通地方公共団体の長は、前項の規定により監査委員の審査に付した決算を監査委員の意見を付けて**次の通常予算を議する会議までに**議会の認定に付さなければならない。

つまり3月議会までに出せばいい、ということなのです。（この条文はなぜか、通年の会期制に対応した改正がされていません。）民間企業では5月の連休明けに決算が発表され、1か月後の6月議会の頃が**決算を最重要議案として審議する株主総会**のピーク。行政出身者以外の議員が一番戸惑うのは、決算の扱いがなぜ、ここまで違うのか、というところのようです。

かつては12月議会が主流だった決算は、ようやく9月議会が主流に。しかし地方自治法の規定は、企業会計の規定とは違うものの、決算を早く審議してはいけない、とは書いていません。やはりこのあたり、住民の大多数を占める役所以外、民間企業の常識に合わせることが必要ではないでしょうか。株式会社では株主総会の1月前に決算書を含む議案が株主に送付され、あわせて公開されます。自治体の場合、議案は議会の会期が始まらないと提案できないのですから、ようやく9月議会が主流になってきた、でとどまるのではなく、民間で株主総会が行われている

頃、一緒に決算が審議されるようにできないものでしょうか。そのようなスピード感は、住民の自治体に対する信頼感につながるだけではありません。起債にあたっての暗黙の政府保証では、どこでも同じ金利でしか資金を調達できませんが、財政状況が的確に開示されていれば、より有利な資金を調達できる可能性もあるわけです。どうせやるのであるから、遅いという意味での「お役所仕事」ではなく、早くやる、ということは、重要なことなのでは、と思うのです。

12月議会では新年度の議論を

　かつては決算が中心だった12月議会。年末は「忘年会があるから軽く終わらそう」なんて考えていませんか？　決算なきあとの12月議会はやはり中途半端な感覚が否めない会議でもあります。
　他方、執行部側はというと、新年度予算編成作業が進行しているのがこの時期。12月下旬、国では予算案編成が大詰めとなっていることも、「今日は閣僚折衝」などとの報道で承知されているのではと思います。そこでお勧めは、**新年度予算編成でどのようなことに取り組むべきか、公聴会を開いてはどうでしょう**。
　現実問題として、予算案として編成されてしまったものを組み替えるというのは、かなりの労力を必要とします。しかし、年があけて地方財政計画が決まり、そして予算案が決まるという前にこそ、議会が住民はじめ関係者の意見を聞き、それに対応すべきかどうかを討議する、ということは非常に重要なことと思います。平成24年の地方自治法改正により、少人数議会で柔軟な対応ができるよう、本会議でも公聴会・参考人制度が利用できるようになりました。これは、議会の規模に関わらず利用可能です。

・第115条の2　普通地方公共団体の議会は、会議において、**予算**

> その他重要な議案、請願等について公聴会を開き、真に利害関係を有する者又は学識経験を有する者等から意見を聴くことができる。
> ②普通地方公共団体の議会は、会議において、当該普通地方公共団体の事務に関する調査又は審査のため必要があると認めるときは、参考人の出頭を求め、その意見を聴くことができる。

　第1項は「予算」と言っていて「予算案」ではないですね。だから長から予算案が提案されていなくても、公聴会を開くことはできるのです。地方自治法が下敷きにしたアメリカの制度から素直に考えると、予算案は議会がつくるもの。だから12月議会では、長の新年度の予算編成方針に対し、住民・関係者や専門家の意見を聴き、最終的に議会としてはどのように意見を取り扱うべきか、ということを決めるのが、効果的ではないでしょうか。

注※
1　田口弼一『地方議会運営論』
2　「本法改正」と呼ばれる、「地方自治法の一部を改正する法律」として立案される法案のことです。それ以外の改正とは、他の法律の改正に伴い、地方自治法を改正させるもので、年間5〜10回程度あります。その多くは地方自治法本文の改正ではなく、法定受託事務を定めた別表の改正です。

暫時休憩

議会紹介　徳島県勝浦町議会

勝浦町議会の通年の会期制と本会議主義

議会改革論議のきっかけ

　徳島県勝浦町議会（大西一司議長、人口5753人[※1]）の議会改革の検討のきっかけは10人にまで減少させた議員定数だそうです。

　それまで、所管課に対応した常任委員会を2置いてきました。各委員会の定数5人となると、委員会での賛否は2対2となり、委員長裁決が行われることも。10人で分担しても、ということから、所属以外の議員も委員外議員として全員出席することが常態化。結局、これなら最初から本会議で全部やってしまったらどうか、となった訳です。

	従　来		通年の会期制 ＋本会議読会制
招集日 2週間前	①常任委員会 議案の内示、質疑 （②町長は質疑の結果により修正を行う）	第一読会	議案の提案、説明 基本的な質疑
招集日	③本会議 議案の提案、説明	第二読会	逐条審査、参考人招致 （修正が必要な場合、組替動議により町長が修正）
	④本会議を休憩し、（実質全員協議会として）自由に質疑を行う		自由討議 議長も含め、全議員で自由に意見を交換する
	⑤本会議を再開、質疑・討論・採決	第三読会	条文の整理確定 総括質疑、討論、採決

問題点の検討

　従来からの運用は、現在の地方自治法や会議規則等の厳格な運用、という立場からすると、いくつか疑問もあるでしょう。①の常任委員会では所管が決められているとはいえ、提出予定議案を本会議からの付託前に実質的に事前審査するのはどうでしょう。この方法が慣例として定着したのは、一旦提出された議案を修正することは、議会・町長ともに手間がかかることです。議会の意向に沿った議案が「正式に」提案されてくれば話は簡単です。しかしそれでは議会の活動は住民にはわかりません。

　③と⑤の本会議では実質的な説明や質疑は①と④で終わっているわけですが、会議録には残さなければならないので、再度重立った点を繰り返していました。議会の活動内容を明確にする意味でも、会議内容の「差し替え」を行うよりは、むしろ本会議の運用を柔軟にした方が望ましいでしょう。

　勝浦町議会の運営方法は、もともと、常任委員会制度が導入される前の明治憲法時代の本会議主義当時の様子を残したものなのです。

　戦後、大規模議会から導入が進められ、昭和30年代からは町村議会でも採るように「指導」されてきた委員会制度は、定数が少なくしてきた議会では、なかなか運用は難しいことだったのです。勝浦町議会の慣例は、「委員会を置け」という要求には応えつつ、少人数しかいない議会で充実した議論を行い、議会の意向により実質的な修正を行うためには、必要な工夫であったのです。

会議規則等の見直し

　議員全員で議論したい。しかし本会議では議論ができない。委員会と同じ自由な議論を行いたい。法的な問題を解決し、少ない議員定数で充実した議論を行うためにと考えられたのが、通年の会期制（通称マラソン議会）の導入と本会議主義への回帰です。

　まず、通年の会期制を導入することで、一年中いつでも会期となります。会期外という日はなくなります。①は全員が出席する委員会ではなく、正規

平成25年3月22日本会議
井出美智子議会運営委員長の提案説明

の本会議で行うことにします。②で修正する必要がある場合、議案は既に提出されているので、議会は「どのように修正せよ」という動議により町長に差し戻して再提出させることにしました。③は①での説明が正規の会議になっていますから、繰り返す必要はなし。④は本会議のままでは形式にとらわれて自由に議論できないからと、わざわざ休憩にしたもの。これは本会議の運用を改めて議長も含めて自由に発言できる「自由討議」制度を導入することで正規の会議に。

　自由討議とは、現在、「全員協議会」などで行われている、議員間での自由な発言を本会議で行うもの。本来議会で大事なのは質疑よりも議員間での意見交換により、議会としての意思を決めることの訳ですから、その意見交換が本会議ではできない。休憩にして全員協議会という運用の方がおかしなこと。そこで勝浦町では、本会議において自由討議を宣告すると、議長も含めて自由に発言できるように会議規則に規定しました。これは日本国憲法制定時から昭和30年代初めまで置かれていた規定を復活させたものです。

　本会議をどのように運用するかは、議会がそれぞれの会議規則や運用で自由に決めることができることなのです。⑤の質疑の繰り返しももちろんなし。結果として、旧町村制で読会制と呼ばれていた制度を再現したものに他なりません。

規模に見合った運用を

　何十人も議員がいる議会では、常任委員会を置いて専門特化せよというこ

とも合理的でしょう。勝浦町が発足した昭和30年には26人いた議員が今や10人。同じ運用を行うことはできません。そもそも会議規則のために会議をしているのではありませんから、人数にあわせて会議の仕方を効果的にするわけです。

　平成24年3月議会で通年の会期制の条例制定と併せ、会議規則も本会議主義・読会制によるものに全部改正。議員任期の開始日に合わせて7月10日から施行されました。

注※
1　以下、肩書き等は連載当時のままである。

● ● ●　勝浦町を紹介します　● ● ●

　勝浦町は、徳島阿波おどり空港から徳島市を南へ通りすぎて60分ほど。東は港町小松島市、西は葉っぱビジネスで知られた上勝町に接する、八十八箇所霊場二十番札所の鶴林寺がある勝浦郡の町です。

　国会議事堂の石灰岩を切り出した立川からは、恐竜の化石が出土するという億年単位の歴史を持ちます。貯蔵みかんで知られる農村ですが、春先には100段の雛壇を中心に3万体のおひな様が飾り付けられるビッグひな祭りで賑わいます。

　徳島市を中心市とした12市町村で定住自立圏形成協定を締結、小学校を転用したふれあいの里さかもとは、平成25年2月、車座ふるさとトークで新藤総務大臣の訪問を受けました。

7月 議員研修への取組み

　6月の会期も終わると3年に一度参議院選挙がありますが、世間は少し「夏休み」気分にもなる7月。しかし議会では例年、6月と9月の会期の前後は研修日程が組まれます。

　7月の章は議員に当選した後、より活躍するためにはどうしたらよいのか、議員研修について考えます。

　この研修という言葉、議会によって、またその会派や議員個人によって使い方がいろいろ。議会によっては他の自治体の視察のみを呼んでいることもあるようです。各項目では具体例を挙げて説明しますので、まず、議員研修のあり方そのものが多様なのだと含んだ上でお読みください。

職員の研修と議員の研修

　議員研修と行政の職員研修。似ているようですが、そもそもの前提がだいぶ違うのです。

　行政職員は能力の実証試験や、所定の資格を有しているなどの選考を経て採用されます。学校で得た知識の賞味期限がそう長い訳ではありませんが、職員は採用試験や選考を経て採用される基本的な職務遂行能力を有しているはずです。にもかかわらず、さらなる能力開発のため、地

方公務員法は研修の受講を**職員の権利**として規定しています。

> （研修）
> **第39条** 職員には、その勤務能率の発揮及び増進のために、研修を受ける機会が与えられなければならない。
> 2 　前項の研修は、任命権者が行うものとする。
> 3 　地方公共団体は、研修の目標、研修に関する計画の指針となるべき事項その他研修に関する基本的な方針を定めるものとする。
> 4 　人事委員会は、研修に関する計画の立案その他研修の方法について任命権者に勧告することができる。

　職員研修では、第3項による「基本的な方針」に基づき体系が組まれています。そして、研修によりどのような職員を育成したいのかは、「人材育成方針」に規定されています。

　人材育成方針とは、第一次地方分権改革前の平成9年に、当時の自治省が「地方自治・新時代に対応した地方公共団体の行政改革推進のための指針」という通知（現在の技術的助言・現在でも総務省ホームページで閲覧可能）をきっかけに作られているもの。それ以来、各自治体の人材育成方針は何度かの改定を経ている筈です。職員の採用試験の出題も、職員に対する研修の体系も、少なくともタテマエとしてはこの人材育成方針によっています。まず、所属している自治体の人材育成方針にどのようなことが書かれ、職員研修の「基本的な方針」はどうなっているのかを確認しておきましょう。

　では、議員研修には何か法的根拠があるのでしょうか。地方公務員法第4条第2項は、法律の規定がない限り、特別職には地方公務員法の規定は適用しない、としています。研修の権利規定は労働者保護の一つとして考えられますから、労働者としての保護の対象とはならない特別職である議会議員には、法律上の研修の権利というものはありません。だ

からといって、議員には研修はいらないのでしょうか？　日本国憲法は普通選挙を保障しています（第15条第3項）。普通選挙である以上、誰であっても議員が務まらなければなりません。そうであれば、議員として必要な知識等は、当選後に研修等によって当然に修得できるようになっていなければならない、と考えるべきでしょう。

　議会基本条例を制定している議会では、議員研修について規定している例もあります。例えば、会津若松市議会基本条例には、次の規定があります。

（議会による研修）

第15条　議会は、政策提言及び政策立案能力の向上を図るため、研修を実施する。

2　議会は、研修の充実強化に当たり、広く各分野の専門家、市民等との研修会を開催するものとする。

（議員による研修及び調査研究）

第16条　議員は、政策提言及び政策立案能力の向上のため、研修及び調査研究に努めるものとする。

　会津若松市では研修を議会が実施するものと、議員自身が行うものとに分けて規定しています。議会はこの場合には実施機関となって研修の実施を義務付け、議員には努力規定としています。議員には任命権者が存在しませんから、受講を命令する訳にはいかない、ということもあるのでしょう。

　議員研修は別に条例等がなければ実施できないものではありません。例えば地方自治法第100条の2による専門的知見の活用では、特定事項の調査を学識経験者等に行わせることができるようになりました。

第100条の2　普通地方公共団体の議会は、議案の審査又は当該普

通地方公共団体の事務に関する調査のために必要な専門的事項に係る調査を学識経験を有する者等にさせることができる。

　平成24年の地方自治法改正までは本会議での参考人規定がありませんでしたから、調査結果の報告は会議外の議員研修の形で実施することもあったようです。要は充実した審議をするためにどうすればよいか、ということ。証人や公聴会、参考人といった権限がある以上、強制力を持つわけでもない研修が法的根拠がないから不可能なのである、という議論も無用でしょう。

議員研修の目的は？

　議会の議員は選挙で選ばれます。普通選挙制では知識や学歴の有無が議員の資格要件になることはあり得ません。したがって議員は、行政職員のように、「一定の知識を持っている」者が集まっていることは前提にできません。本来、試験で採用される職員以上に、研修が必要なのは議員なのである、ということもできるでしょう。最低限、議会の会議を成り立たせるための議会運営に関する知識などが共有できないと議会にならないからです。特に新人議員研修というと、まず、地方自治法の議会関係規定や会議規則の解説が行われるのはそのためです。

　議員もその自治体の公務員であることは同じです。そこで自治体が当面する課題について、という研修も行われます。もっとも事実がこうだ、ということを解説するにしても、そこに一定の政治的な立場や見方、ということが存在します。ある議員や会派にとって望ましいことが、他のものにとっても望ましいとは限りませんから、研修の実施にあたっては一定の配慮——例えば、ある立場に基づく意見のみを紹介するのではなく、さまざまな立場があることを前提に多様な意見を紹介するなど——も必要となります。

公選職である議員は、誰かに雇われているのではありません。したがって、たとえば議長が任命権者のように議員の人材育成方針をつくり、各議員はそれに従って研修を受講していく、ということはあり得ません。そこで議会運営、議事手続きや時事問題のような各議員や会派に共有される基礎的事項は別として、その自治体の具体的な政策課題について、全議員を対象とした研修を行う、ということはあまり行われてこなかったといえます。

　かつて、議員研修が顧みられなかったのは、雑巾がけ、という言葉があるように、むしろ先輩議員から学ぶ、盗む、と考えられていたのでしょう。議員が比較的長期に在籍してきた時代は、あるいはそれで良かったのかもしれませんが、現在は初当選した任期は、議会で発言などしないでただ黙って勉強だけしていろというのは通らない時代です。そこで議員研修というものを改めて目的から考えなければならないのです。例外的に自治体固有の問題として行われた議員研修は、議会内に共通する「議会改革」のようなものだったのではないでしょうか。

知識の研修と技能の研修

　議員研修が盛んに行われているのが、議会に関する**知識**、つまり会議のルール等に関する研修です。地方自治法なら議会の章（第2編第6章）を中心に、都道府県・市・町村ごとの全国の議長会が定めている『標準』会議規則・委員会条例等とその解説書、さらに実際の議事運営に関しては本会議で議長が読み上げる議事次第書（いわゆるシナリオ）なども使いながら会議の正しい運営などが講述される、という訳です。

　議案は日常でも一般的に使われますが、動議は言葉としても使われず、概念としてもなかなか理解しづらいかもしれません。また、法律上は広く規定されていながら、一般的には守られていない除斥などが次々と登場し、はじめて聞くと、議会とは何とわからない世界か、と思った

記憶をお持ちの方もいることでしょう。議事手続等については各議長会等が編集した解説書等もありますが、市場の大きさの問題か、あまり詳細にわたるものはありません。本格的に勉強すると、大変奥深く、面白いのですが、議員全員が議事手続に習熟する、というのはやはり難しいと思います。そこで速習的に「議員研修で、知識としての議事原則や議事手続を」という要望が多いのだと思います。

> 　議会の会議の進め方等に関する参考書は、今日よりも、むしろ明治初年から旧市制町村制が施行される頃の方が多数出版されていたようです。たとえば福澤諭吉らが翻訳した『会議辯』※1（明治7年ごろ）には、村で道路を修理するために、会議を招集して会頭（議長）を選任し、審議・採決する一連の流れが大変わかりやすく書かれています。この会議辯の内容は今日の議会の会議規則等による議事運営と変わるところがありません。同書冒頭にある総論の「日本の談話（会議）は体裁（規則）を備えない」という指摘は、今日でも変わらないように思います。
> 　ところが、ここで輸入しようとした会議のルールは日本の社会に根付くことがなかったのです。ただ、議会にだけ会議規則が行われたため、世界標準の会議のルールから日本の社会が逸脱している、と理解した方が正確でしょう。

　全国町村議会議長会編『議員必携』第9次改訂新版の第2編第1章には、会議の諸原則として、**議事公開、定足数、過半数議決、議員平等、一議事一議題、一事不再議、会期不継続、現状維持、委員会審査独立、公正指導**の10項目が挙げられています。実務における知識とは、活用するためのものです。第一線の議員諸氏や補佐にあたる事務局員には、細かい知識というよりは、議場で起こっていることへの対処のためには会議原則の10項目の**目的に沿って**考えることが求められます。

なお、会議のルールという知識の共有は、本来、話し合いで結論を得るために必須のもの。ロータリークラブや青年会議所の経験のある方は、そこで用いられているロバーツ議事規則が議会の会議規則と同じことをご承知でしょう。そうであればむしろ今日の議会で適用されている会議規則を、地域社会での会議のルールとしていく努力の方が必要なのかもしれません。

　もう一つの研修テーマは**技能**です。議会の技能といってもかつての速記術ではありません。どうやったら議案を可決に導けるか、議案の修正はどうしたらよいか、というような点です。このような研修は抽象的一般的な課題としてではなく、「議会改革を行いたい」とか、「議会基本条例を制定したい」というようなときに扱われます。現実の問題の解決を直接目標としますから、研修としても大変おもしろく、やりがいのあるものですし、また、受講する側にも動機があり、研修の成果をすぐに活かすことができるものだと思います。

　議案を修正したいときにはどうするのか、という問いに、修正案を出すのだ、は一応、正しいのですが、では、修正案を書いて渡せばそれでいいのでしょうか？　そうではないと思うのです。技能に関する研修をたとえると、魚を食べたいというときに、魚を渡すのではなく、釣り竿を渡す、あるいは釣り竿の作り方を教えるという研修です。だから一度限りお話しをすれば終わり、ということはまずありません。また、食べたい魚によって釣り竿も違えば、季節によって仕掛けも変えなければならないでしょう。そこで研修を組み立てる際にも、これまでの経緯や議会・町の歴史、現在の議会構成などを調べないと何も言えないものです。例えば慣行として、念入りに調整した議案が提出され、それが即決されてきた議会なら、一度首長の側と話し合うようにすることが解決でしょうし、議会が修正したいが目的なら、組み替え動議を出して議会が修正させたことを実績として残すようにしなければ効果がないのです。

　議会における技能とは、行政の技術とは異なり、関係者間の調整をい

かに合理的に行い、(議会が)望む成果を挙げることができるかを創造しようということ。修正案を作りたいのか、修正そのものが大事なのかがわかったら、その方法を考えるという実践的な対話型の研修です。

①単独議会での研修

　研修の中で一番多いのは、教室で講師が話す、という集合研修でしょう。集合研修にもいくつかの方法があり、職員研修ではグループ討議やワークショップなども、多く取り入れられます。議員研修では討議の習慣は普段から当たり前に行っていることであり、職場の活性化という伏線のある討議等の研修はあまりないように思います。
　新しい制度が導入されるので、その解説をというとき、集合研修は有効です。平成24年地方自治法改正後では、通年議会・通年の会期制を導入する際、会議原則をどのように解釈すべきか、という要望がありました。同一会期内に同じ議案を議題としない一事不再議や、通年としたときに、会期が終了すると審議で結論が出なかった案件は消滅するという会期不継続の原則をどう扱うべきか、などが扱われました。
　1回2時間程度の研修では、制度改正に伴ってどう対応すべきかが話の中心になるのですが、同じ話であっても、受け取る側は思いがそれぞれです。そこで対応策を提示するにしても、いくつかの選択肢を示して、議会によってこれまで、どのように考え、扱ってきたのか、それに一番近い、あるいは問題がなさそうな対応策はどうか、と考えることができる「緩さ」をもったお話をするとよいようです。
　議会の研修で大事なのは、目先の対応をどうするのかということよりも、大所高所の判断や、その議会のこれまでの活動原則がどうなるのかという政治の問題です。そこで原則がどう扱われてきたかによって、考え方等も変わる訳です。同じ議会は二つとありません。したがって集合研修の企画立案でも、事前の調査は重要です。極端な話、ある議会に

とっての先進事例が、別の議会にとっては悪い慣習と思われていることもあるかもしれないのです。

②議会間共同研修・派遣研修

いくつかの議会が共同で開催したり、研修機関や他の自治体に議員を派遣して研修を依頼する研修です。かつては先進事例の視察調査（**10月の章参照**）が中心でしたが、最近では専門の研修機関をはじめ、諸団体、企業による議員研修も盛んに行われるようになりました。新人や比較的若手の議員の参加希望者が多く集まるようになったころに反応した結果のようです。

議員研修の特徴は、都道府県域や郡域などの議長会があり、それら議長会が主催する研修が多数行われていることです。残念なのは、平成の合併で市町村数が減少し、構成団体が減ったこと。それにより郡域での活動が難しくなったり、県域でも議長側の団体と首長側の団体が統合される例もあるようです。議事機関と執行機関とではものの考え方からして違いますからなかなか難しいことでしょう。それでも旧郡域などで市と町村とが共同して研修の企画運営を行っている例も多数あります。議会間の横の連携による情報共有の一つとして、広域の議長会の活動は是非、充実強化の方向に考えていただきたいものです。というのも、前述のとおり、研修の企画には普段からの議会の様子の把握が大変に重要だから。日常的な情報交換があってこそ、的確な研修ができるものです。

職員向けの研修を行っている（財）全国市町村研修財団の市町村アカデミー（JAMP：千葉市）と全国市町村国際文化研修所（JIAM：大津市）では、近年、市町村議会議員向けの講座を増やしています。個人単位で聞いてみたいプログラムに参加できるので、なかなか人気が高く、すぐに定員が一杯になることもあるそうです。

議員が任意に集まって研究会や交流会を続けている例もあります。

青年団出身者が運営している清渓セミナーは平成9年から回を重ねています。いずれも単に外部の講師の話を聞く、ということだけでなく、そこに集まった議員間で人的なネットワークができていることも大切です。

さらに、議員個人単位ではなく、似た条件にある議会が定期に交流しあう例も見られるようになりました。面積15平方キロ以下の議会が持ち回りで交流する全国コンパクトタウン議会サミットは、平成26年、5回目を迎えました（8月の章「暫時休憩」欄参照）。

外部講師による研修の開催は、最初は難しく考えてしまうのではないでしょうか。しかし今や研究成果の社会還元は大学の本務とされています。単に講演を依頼するだけでなく、大学をはじめとする地域のさまざまな研究機関と議会とが積極的に共同研究を行うことへと進めていくと、執行機関の提案に対してセカンド・オピニオンを持つことも容易にできるようになるわけです。今後は個人的な関係から組織間の連携へ、そして受け身の研修から議会も研修成果を返信し共同の研究へと発展していくことが期待されます。

③自己研修

もっとも古典的な研修が議員が自ら本を読んだり調査を行ったりという研修です。まず内容に注目してみましょう。

議員が学ぶべきとされていたことが歴史的に随分変遷していることが古書からわかります。現在の全国町村議会議長会編『議員必携』の初版がA6判、厚さ15ミリのポケットサイズで発刊されたのは昭和29年。それ以前も同名や類似の図書が多数ありましたが、その内容は大きく異なり、議案の審議方法等を説明するのではなく、今で言う「地方自治関係法令集」だったようです。かつては法令集自体、あまり簡単に手に入るものではありませんでしたから、役場で扱う法律をコンパクトに収め

表　研修資料の作成の留意事項

1	会場は事務室などより暗いもの。文字は大きめ12ポイント以上。行間も1.5行くらいは空ける。明朝体より中肉太の読みやすい書体の使用も。
2	プロジェクタ使用の場合、画面のコピーにはメリハリを。
3	全議員研修の場合は、アウトライン項目だけでも可。代表者が受講するときは、報告のことも考えて詳しい資料との2本だてで。
4	研修資料も著作権保護の対象。引用等は著作権法の範囲内で、出典はもちろん明示。
5	ホームページやブログに掲載したい議員もいます。受講者による複製、再配布の可否はしっかり確認を。
6	印刷レイアウト等を変更する場合は必ず事前に講師に確認。受講者に配布したものと同じものを当日打ち合わせの際に、講師にも1組。

※質疑応答を行う場合は講師席にふりがな入りの参加者名簿の準備を。

図　議員研修企画・実施の流れ

たものを持っている、ということは議員に必要な知識だったのではと思います。

戦前のベストセラー、五十嵐鑛三郎の『市制町村制逐条示解』を出していた自治館から昭和2年に大塚辰治『市会町村会議事必携』が出ていますが、やはり制度解説が主です。『会議辯』に関する囲みで述べたように、会議の方法を紹介した書籍はなかなか見当たらないのです。雑誌では中央報徳会が出版していた「斯民（しみん）」に質疑応答などが載っていますが、まとまったものは目にしていません。代々議員をされている方、一度伝来の蔵書をお調べいただけないでしょうか。

戦後になり、民主化、議会中心主義を迎えると、明治期以来、とだえていた会議の進め方を書いた書籍が出版されるようになったようです。議員文庫と称する小冊子群が全国町村議会議長会の編集によって刊行されていますが、そのうちには外交関係や経済復興など、教養に関する巻とともに、蠟山政道『議員としての見方と考え方』、鈴木俊一『議会の進め方』など、後の議員必携の記述につながるものがあります。ただ、会議に関する書籍はその後再び見当たらなくなってしまうのです。どうも地方議会人誌が創刊された昭和45年まで、議員が研修すべきことは地方自治関係法令＋議事運営＋社会一般の常識くらいに思われていたようです。

　会議規則がどうしてもわからないという方は、書店の会社法関係の棚付近にある「株主総会」に関する実務的な解説書をご覧になるのがいいかもしれません。法律家の執筆によるものでは、地方議会ではあまりない、議事手続の瑕疵（かし）に関する裁判例なども掲載されています。会社法による手続例などがそのまま使用できるという訳でもありませんが、詳細で現実的な記載が多く、十分参考になるのではと思います。

国会のように秘書をはじめとする補佐スタッフがいない地方議会人ですが、かつてとはうって変わって、議員が勉強すべきという内容は極めて多岐にわたってきています。

　一つには政策学、公共政策学というものが、ここ20年ほどで急速に進化しました。あるとき、どのような政策選択が行われたのかという歴史を記述する学から、どのような選択を行うのが合理的と言えるのかという政策決定を提案することができる学へと変わって来たのです。とはいえ、まだまだ研究蓄積はこれからで、特にそれぞれの自治体ごとに、どのようにすれば最適か、という答を出せるように到っていないのが実情だと思います。それでも経験だけで決めるのではなく、様々な行政分野を横断的に研究し、他の分野で有効な政策手法を別の分野に移転させるなどの実績が見られるようになっています。今後は地方議員も公共政策を学ぶことがより一般的になってくるかもしれません。

　では、公共政策の研修のためにはどうしたらよいでしょうか。そもそも大学・大学院における公共政策学の標準的なカリキュラムもまだ確立している訳ではないのですが、地方議員の場合は、執行機関以外からの情報を入手することで、かなりの効果があるのではないでしょうか。そもそも資料づくりは、判断をすべき議員が行う仕事ではありません。議員の補佐スタッフがいない現状では、本来は執行機関からの情報提供が充実されなければならないのですが、他自治体の状況が入手できるようになると、所属自治体の政策を比較検討することができます。たまたま情報を得て知ったというようなことから、同じような精度で自治体間の政策の違いを共通の尺度で比較することができる、つまり中央省庁や都道府県が行ってきた視点を持つことが有用と思います。そのためには議員間より、議会間の連携や、それを支える県域・郡域等の議長会の政策に関するサポートが望まれます。専門的知見の活用のほか、平成23年地方自治法改正で導入された議会事務局の共同設置を利用することで、共同での議員研修資料づくりが可能となるでしょう。

研修の目標設定と評価

　議会の運営に関することと、政策に関することで、研修によって獲得されるべき目標は別に設定することが必要です。
　議会運営に関しては何があるかはわかりません。議長や議会運営委員長なら、議会が円滑に運営されればそれでよい訳ですが、円滑に運営されているという評価は、活性化していないと裏腹な評価にもなることも想定されます。いきおい、新制度の導入や運用の変更を目標としてみたいという意見も出ますが、いつもいつも制度をいじっている訳にもいきません。議会運営に対する議員の納得度を高めることを当面、議会運営に関する研修の目標と据えてよいのではと思います。
　政策に関する研修の目標は、証拠に基づいた政策選択の判断資料が、議員の直感や支持者の意見とは別に入手できることに据えればよいでしょう。
　研修の成果はどのように評価すればよいでしょう。それは議会活動の評価と同じことになると思います。議会の活性化では活発な議論をする議会がまず、目指されます。自治体の議会は決定だけをする会議ではなく、合意形成を行う会議です。その点、できるだけ早く合理的で高収益な決定をしよう、という企業の経営戦略を決める会議とは違い、結論を出すに到る合意形成過程が大事なことは言うまでもありません。現在、多くの議会では議案の審議時間が決して充実しているとは言えないのは、政策的に「おいしい」部分が法律や政省令に取られてしまっているため、条例案の内容がすかすかだからです。だから国会の法案審議のように、政策選択にあたっての判断の幅はほとんどありませんから、議決までに5時間コース、15時間コース等というような審議ができないのが実情です。
　けれども内容の疑義を問いただす質疑をするだけが審議ではありませ

ん。むしろ、ほとんどが国が立案してくる政策をどう実施するのかが現実の自治体の立場です。すると、その自治体において、その政策の実施により何がどうなるのかを検討するのが議会といえるのではないでしょうか。

　議員研修の評価として、より多くの住民が納得できる良い決定ができた、と決定内容に関する成果指標で示すことができれば一番良いのですが、合意形成に到るまでの議会の活動で評価せざるを得ない部分もあります。しかし長い時間の議論をすることばかりが活動成果ではないと思います。合意形成がなされるような良い資料を出させた、それぞれの議員が納得して決定を行ったという点も、また活動指標たり得るのでないでしょうか。

　議員研修の評価は、「研修に行って話を聞いたらよくわかりました、今後の活動に役立てます」では済まないかもしれません。では、首長提出の議案の修正や否決の件数が増えたから成果が出ている、というものでもありません。研修の結果として議会の質が高まり、日常的な行政監視機能が向上すれば、執行機関側も議会に対してより慎重に接するであろうから、原案の可決率が高まる、ということも当然に想定できるのです。数値による評価は難しいかもしれませんが、住民の声がいちばんなのではないでしょうか。

注※
1　昭和34年岩波書店刊『福澤諭吉全集』第3巻所収のほか、慶應義塾大学ホームページ「デジタルで読む福澤諭吉」で閲覧可能。

暫時休憩

議会紹介　山形県川西町議会

川西町議会の議会基本条例の検討経過

早くからの活性化

　山形県川西町議会（齋藤修一議長、議員定数15人）の議会活性化への取組みは平成14年以来の歴史があります。町長部局の審議会等委員への議員不就任を手始めに、同年中には早くも一問一答方式の導入を行っています。平成22年からは本会議のインターネット中継も始めています。

　さらなる議会活性化に取り組むため、平成24年3月には議会活性化検討特別委員会を設置して議論を進めてきました。そして平成25年3月には、議論の成果を23条からなる議会基本条例にまとめ、5月2日から施行しました。

　「議会基本条例」の検討は川西町議会が議会活性化に取り組んだ頃から各地で始まっており、制定例も既に珍しくありません。しかし、議会の役割を町民と議論して確認し、さらに町長部局とも何度もキャッチボールを重ねた、という点でユニークな取組みであったと思います。

※川西町議会基本条例の概要は『かわにし議会だより』第113号・2013年4月15日号　http://www.town.kawanishi.yamagata.jp/gikai/2013-0415-1517.pdf に掲載されています。

条例の特徴

　議会のあり方や会議については会議規則に規定されている訳ですが、議会への住民参加や長と議会との関係などはあまり書き込まれていません。川西町議会では議会活性化は議会内部だけの問題ではないと考えました。

条例の第一の柱は議会への「入力」としての議会への町民参加の拡大を規定しています。

第二の柱は執行機関に対する「出力」です。議会は議決に責任を持つことはもちろん、政策立案等をも行うこととしています。

ここで重要なのは、この条例は「これからやってみたいこと」を並べてみたことではなく、「これまで行ってきたこと」を振り返って整理した、ということ。これまでのやり方に問題があるのなら別ですが、平成14年以来、活性化の取り組みを積み重ねてきた集大成として議会基本条例を作ったのです。だから活性化を話し合う前に行われていた「政治倫理に関する決議」なども再確認し、取り入れています。

条例化の検討を始めたころは、これまでのやり方でよいではないか、と議論自体に疑問を投げかける議員もいたそうですが、検討を重ねていくうちに別にこれまでを否定する訳ではないことがわかると、理解も広まっていったようです。

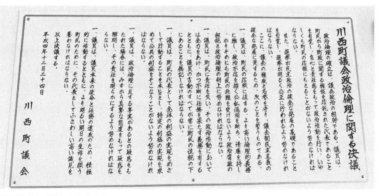

議員控室の掲示＝平成4年

議会内での議論の進め方

　特別委員会を設置して現状を評価し、課題を確認していくことがまず最初でした。その結果、論点は
　①議会基本条例の制定
　②議会本来権限の行使
　③開かれた議会づくり
　④議会審議・討論の活性化
　⑤組織運営の有効性効率性
の大項目に集約。それぞれの大項目の下に、3個から6個の小項目計21となりました。多様な意見があるときにそれをまとめていくためには、全体像が見えるようにしておきながら、各部分ごとに意見が一致する点を探っていきました。特別委員会は本委員会6回、小委員会23回に及びました。

　実施を担う行政部門では、施行のための行政手法をあわせて検討しなければなりません。そこで既存の行政手法を比較検討し、どれを使うかというベンチマーキング手法＝言い換えれば、多くの条例を収集し、それをバラバラにして「コピー・アンド・ペースト」で良いとこ取りをすることがよく行われます。しかし川西町議会では、これまでの運営の積み重ねを条例にしていきましたから、他所のものは使えません。小委員会で小項目ごとに議論して、意見が一致した項目を条文にする、というように進行させていきました。

◇議会内の検討と議会外との対話

　議会の会議規則は議会だけで決めるべきものですが（注※）、町民や執行機関等との関係の規定を含む議会基本条例は議会だけで立案するのは適当ではありません。それは通常の長提出議案でも、できる限り制定過程から議会と対話すべきことと同じです。そこで川西町議会では、委員会の開催と並行して意見を整理する都度、その概要を議会だよりで町民に公表し、議会外の研究者や執行部の職員とも意見交換等を行いました。

　加えて平成24年の7月と11月に講演会を、25年1月には町民に呼びかけ、議会活性化について語り合う会を開催しました。議会自身が自律的に条例を定めようというとき、気をつけなければならないのは、議員間だけで考える

のではなく、議会に対する住民の意識をしっかりと聞くこと。普段、議会に聞こえているのは苦情が多いかもしれませんが、大多数の沈黙している声をこそ、聞かなければならないのです。その場での質疑や意見を踏まえて何点かの修正が行われ、3月に提案・議決となった次第です。

町民と語り合う会の様子
平成25年1月29日　川西町中央公民館

注※

　会議規則は地方自治法第120条が「設けなければならない」と規定していますが、会議体である以上、特別な義務づけが行われなくとも、当然に制定しなければならないことです。会議の運用については、地方自治法が規定しているところがかなりありますが、これも、会議での決め方は、本来会議規則に専属するのが正しいと思います。

　会議を招集してどのように決めるか、という規則の決定は憲法を決めるのと同じこと。日本では憲法を制定するための制憲会議が行われたことがありませんが、会議規則が日本に紹介されたときには、「議院憲法」と翻訳されていたのです。

●●●　川西町を紹介します　●●●

　川西町（人口1万7200人）は山形県内陸部・東置賜郡に位置する北緯38度線と東経140度線とが交わる町。直線距離で太平洋へ70キロ、日本海へは60キロ。東京からは山形新幹線を米沢で乗り換えて5駅。最速2時間40分で到着です。

　蔵王、飯豊などの山地に囲まれた置賜盆地の中心、米沢市は南隣です。水田と丘陵からなる風景は、明治時代に来日したイギリスの旅行家イザ

ベラ・バードが「東洋のアルカディア」と讃えました。
　JR米坂線・羽前小松駅を降りるとすぐに鉛筆の香りが漂ってきます。8月から降雪期に入る11月までは10万本が咲き誇るダリヤ園が開園します。中国漢代以来の東洋陶磁の優品を収める掬粋巧藝館は必見。ブランド黒毛和牛「米沢牛」のふるさとは川西町です。
　川西町は作家井上ひさしの出身地でもあります。寄贈された旧蔵書は作家がメモをつけた状態のまま、「遅筆堂文庫」としてフレンドリープラザに置かれています。まちなかを歩くと、あちこちに「ひょっこりひょうたん島」のキャラクター達が。町の人の暖かみのある話言葉を聞くと、ドン・ガバチョのルーツはここ、とわかるかも。
●川西町議会事務局
　0238-42-6674
　http://www.gikaijimu@town.kawanishi.yamagata.jp

8月 災害シーズンを前に

　災害と議会というと、「？」と考える方もいるかもしれません。住民の1人として消防団や水防団、自主防災組織などに属している議員も多いと思いますが、議会がどのように災害を防ぎ、災害に向かうべきかは、あまり考えられてきませんでした。第30次地方制度調査会には「東日本大震災を踏まえた基礎自治体の役割」は諮問されていたのですが、答申では掘り下げたことは書かれませんでした。

　最近は各地で豪雨被害が出ています。9月1日は大正12年の関東大震災にちなんだ防災の日。議会として災害に対し、どのように対応すべきかを考えましょう。

防災の制度

　災害は人間の力で完全に防ぐことができるものではありません。しかしできる限りのことを想定して住民の生命、財産を守るべく備えるのは、自治体として当然のこと。被災者の救助は災害救助法（昭和22年法118号）がありますが、その前身は災害が発生した後の復旧のために区（現在の市）町村に基金を設けよという明治13年の備荒儲蓄法に遡ります。国では大規模災害が発生するたびに特別立法によって復旧対策等を行ってきました。

昭和34年9月の伊勢湾台風は災害を予防する、避難などの計画をあらかじめ作っておく、河川や海岸の整備という個別の法律による事業に総合性を持たせなければという考え方への転機になりました。伊勢湾台風は超大型の台風であることがわかっており、そのコースも予報のとおりで、厳戒体制で臨んだのですが、5000人を超える死者・行方不明者を出してしまいました。その反省のもとに立法されたのが災害対策基本法（昭和36年法223号）です。

　災害対策基本法の立案は、海や河川といった自然公物の管理や既に制度や組織がある消防や水防などの間に割って入ることから、所管も錯綜し、法案の作成そのものが大変な困難を極めたようです。成案は得たものの一度廃案になり、再提出という経過をたどった際の趣旨説明では、「災害対策については、行政上または財政上の個々の制度はかなり整備されておりますが、その相互の間に総合性と計画性が必ずしも十分でなく、またその実施は、政府各行政機関、都道府県、市町村、各種公共機関等、あげて有機的な連絡協調を保って行われなければならないのでありますが、この点においても欠けるところなしとしなかったのでありまして、かねて総合的な災害対策の基本体制を確立する必要性が痛感されていた」と述べた上で、法案の作成にあたっては災害対策の総合化、計画化、対処体制の確立に留意した[※1]としています。

　縦割りの国とは異なり、現場を預かる自治体の政策とは、さまざまな施策等の間に横串を刺すべきことだ、ということは災害対策においても同じです。

　災害対策基本法が対象とする**災害**とは、自然現象である**暴風、竜巻、豪雨、豪雪、洪水、高潮、地震、津波、噴火その他**のほか、大規模な火事や爆発等が想定されています。法はその上で、**防災を①災害の未然防止　②災害の被害拡大防止　③災害復旧**と定義しています。以下、議会の災害対策も、この順番で考えることにします。

　災害対策基本法の制定後も大規模災害があると、その都度「特別措置

法」等が制定されることは変わりありません。東日本大震災でも、多数の特別立法が行われたことは記憶に新しいと思います。

また、災害対策基本法に規定されていない災害もあります。たとえば武力攻撃事態による災害については武力攻撃事態等における国民の保護のための措置に関する法律（国民保護法・平成16年法112号）などが制定され「国民保護計画」の策定等が規定されています。

災害の未然防止

災害に強い施設を整備することは重要ですが、完全な整備ということはあり得ません。災害を予測し、被害を起こさないための避難などソフトウェアが組み合わされて、災害の未然防止が可能となります。そのための基本は現状把握と計画づくりです。災害対策基本法は都道府県と市町村に「地域防災計画」の作成と実施とを義務付けています。

> （市町村の責務）
> 第五条　市町村は、基礎的な地方公共団体として、当該市町村の地域並びに当該市町村の住民の生命、身体及び財産を災害から保護するため、**関係機関及び他の地方公共団体の協力**を得て、当該市町村の**地域に係る防災に関する計画**を作成し、及び法令に基づきこれを実施する責務を有する。

条文中に「関係機関の協力」とあるように、防災はひとり市町村長・執行機関でできることではありません。市町村でも、国道や都道府県道をはじめとする他の公的機関が管理する施設があり、通行規制などを行う交通管理者は都道府県公安委員会（警察）です。

災害対策を実施するのは行政ばかりではありません。災害の発生が予想される段階で、純民間企業である建設事業者の協力を仰ぐことは普通

ですし、未然防止や避難などの計画づくりには民間の工場や事務所などの営業所の存在も、重要な意義や役割があるでしょう。災害が発生した際には、民間を含めた医療関係者や、廃棄物の収集・運搬事業者など大きな役割を担います。避難所を開設するとなったら、小中学校の施設は市町村の教育財産としても、校長先生以下の教員は市町村ではなく、都道府県の職員。単純な命令系統ではありません。

　さまざまな縦割りや複雑に入り組んだ組織の間に、それぞれの持つ本来の使命とは別に、防災という役割を負ってもらうのは、大変高度な調整が行われなければならないことです。ここに議会の第一の役割があります。地方自治法上の議決事件として示されている「区域内の公共的団体等の活動の総合調整」（96条1項14号）の発揮です。

　地域防災計画には次のような事項を定めることとされています。

一　当該市町村の地域に係る防災に関し、当該市町村及び当該市町村の区域内の公共的団体その他防災上重要な施設の管理者の処理すべき事務又は業務の大綱

二　当該市町村の地域に係る防災施設の新設又は改良、防災のための調査研究、教育及び訓練その他の災害予防、情報の収集及び伝達、災害に関する予報又は警報の発令及び伝達、避難、消火、水防、救難、救助、衛生その他の災害応急対策並びに災害復旧に関する事項別の計画

三　当該市町村の地域に係る災害に関する前号に掲げる措置に要する労務、施設、設備、物資、資金等の整備、備蓄、調達、配分、輸送、通信等に関する計画

　市町村長の諮問を受け、地域防災計画を作成するのは、条例により設置する市町村防災会議です。首長の諮問を受ける機関に議員が入ることは妥当ではありません。地域防災計画に法律上は議決や報告の義務付け

はなされていませんが、その内容の重要性や多岐にわたる関係機関等との調整、住民の積極的な協力が必要なことから、議会が一定の関与をすることが必要です。議会はまず地域防災計画の内容をよく承知するとともに、適切な見直しが行われ、計画の内容が推進されるようにしなければなりません。

避難誘導や安否確認、避難所の運営など、災害発生前後のソフトウェア部分は行政でできることは非常に限られています。住民が主体的に動き、しかもそれが組織として機能することができなければならないのです。災害対策基本法5条2項には、消防や水防の組織整備と並んで、「自主防災組織」（当該市町村の区域内の公共的団体等の防災に関する組織及び住民の隣保協同の精神に基づく自発的な防災組織）の充実を言っているのはそのためです。

議会の防災計画

災害時に議会が果たすべき役割は、執行機関等ができないことをする、に尽きるのではと思います。現実に災害が発生すると、行政側はその分担している事務で「対応」を文字通り一所懸命に行います。しかし、この一所懸命だけでは全体を見回すことができません。目が届いていない問題がないか、手が差し伸べられていないところがないかを見るのが議会の役割です。

災害が発生するか、そのおそれがある場合、災害対策本部が設置されます（災害対策基本法23条の2）。災害対策本部長は市町村長、本部員は市町村長が任命する職員で、その詳細は条例で規定することとされています。議会も第一段階の対応として、市町村に災害対策本部が設置された際には、議会にも災害対策本部を設置することが必要でしょう。

新潟県湯沢町議会では「湯沢町議会災害対策本部設置要綱」（平成19年12月17日議員協議会）を制定し、11条からなる要綱と簡潔な災害

時行動マニュアルを定めています。

湯沢町議会・災害時行動マニュアル

初動	①町が災害対策本部を設置した場合、町本部から議長に対し、その旨の連絡 ②議長は副議長等と協議し、湯沢町議会災害対策本部の設置を決定 ③議会災害対策本部を役場三階の議会第一会議室に設置 ④議員及び町に対し、災害対策本部の設置を報告
初期	①各議員は、自身の安否・居所・連絡先等を議会災害対策本部に連絡 ②各議員は本部の指示に基づき、現地における情報収集及び支援活動への協力、又は本部に集合
中期	①町災害対策本部との情報交換と諸要請の実施 ②被災者に対する助言及び相談受付等
後期	①議員協議会を開催して被災状況の掌握 ②町災害対策本部への協力 ③避難所等の視察 ④国、県等への要望活動 ⑤必要により、臨時会の開催要請

　議会が災害対策本部を設置することで、議員がばらばらに執行機関に要請する、というようなことは整理され、町全体として統制が取れた活動になります。この場合、議会事務局員を議会の災害対策本部に確保し、局長を長部局の災害対策本部との連絡役とすることも必要でしょう。

　後期の欄に注目してください。④の要望活動は、平成24年地方自治法改正による「政務活動」の典型で、議員でなければできないことです。実際、東日本大震災で被災した議会が、現地情報が東京に届いていないことからバスに乗り合わせて国会や中央省庁に出張して要望し、そこで初めて支援が行われるようになった事例が知られています。⑤の臨時会は東海地震の想定域の議会では、発生1週間後に臨時会が自動招集されることとしている例もあるようです。

　議会は執行機関ではありませんから、詳細な防災計画を持つ必要はないとしても、議会として議員がどのように行動すべきかを定め、市町村

長部局が行っている活動に足らないところを分担することは、大変に重要と思います。

　対応策は決めるだけではなく、普段から訓練しておかないと災害の際に機能できるのかも検証できません。埼玉県鶴ヶ島市議会では、「鶴ヶ島市議会災害対策支援本部設置要領」（平成24年6月14日全員協議会）を制定。要領に基づく活動を地方自治法第100条13項に基づく議員派遣として議決し、公務災害に備えるとともに、実際に市の防災訓練に参加し、参集や情報伝達訓練を行っています。災害時における議会の役割を決めておくことで、単なる行政監視だけではない、住民福祉のための活動ができるわけです。

災害の被害拡大防止

　災害が進行している「初期」段階で必要なのは、情報収集により対応がより的確になるように防災活動を修正していくことと、情報提供、避難誘導等を進めることです。その自治体の状態によって採るべき対応も異なりますが、災害は平日昼間に起こってくれるなんていう保障はありません。大都市圏で多くの行政職員が区域外から遠距離を通勤している、というような場合では、住所要件がある議員はある意味、不在の職員に代わって住民のリーダーとして活躍するべきでしょう。休日夜間や年末年始など、職員が参集できない場合の初動～初期対応を執行部とともに検討しておきましょう。

　一方、地方圏の自治体では職員が区域外から通勤しているということは少ないでしょうが、職員の絶対数が少なく、行政としての対応にかかりきりになってしまい、庁舎の外に目が行き届かなくなることが考えられます。災害避難時の要支援者は行政は個別・縦割りで把握はしているのですが、多くの場合、「この地区のどの世帯にはどういう人が」という部門をまたいだ名寄せはできていないものです。さらに、公的支援を

受けていなければ、行政にはまったく把握されていないこともあります。そのような場合では、普段からの議員活動が活きるところではないでしょうか。

　職員が当面の対応を進めている間、議員は要支援者を中心とした安否確認を行うというような役割分担も考えられます。災害の被害拡大防止には、何より発生直後の短い時間にマンパワーを動員し、必要な対応を行うことが緊要です。住民の避難や安否確認について議会としての対応を決め、訓練を重ねていくことは「会議」とはやや違いますが、議員も住民の生命と財産を守るべき公務員であることに変わりありません。議員は議会活動の一端として地域を見守る目であってほしいと思います。

　東日本大震災では住民に津波からの避難を呼びかけていた議員が殉職してしまったそうです。現行の公務災害制度では、それが議会としての公務であると認定されるには鶴ヶ島市の事例のように要件を定め、議員派遣として明確化しておくことが必要です。本当はこれまでもずっと要望されてきたように、議員たるもの、任期中はいつでも公務としての議員活動であるとするのが筋だと思うのですが。

災害復旧から復興へ

　議会の本来の役割である会議による住民間の合意形成の機能が発揮されるのが、この災害の復旧から復興にかけてでしょう。

　災害復旧の最初は、災害により損なわれた機能を回復させることです。災害の規模にもよりますが、発災後数日のうちに国による災害の「査定」が行われ、応急の措置が始められます。議会としては本復旧から復興に向けての補正予算や工事請負契約の審議を行うわけですが、その前段として被災した地域の復旧に対する合意形成や政務活動としての関係方面への陳情等を行わなければなりません。

　復興には、まず、地域をまとめること＝地元の合意形成が必要です。

急ぐからこそ、議会で丁寧に議論し、住民等の声を取り入れていくのです。本来の役割分担からするとおかしい、という意見もあるでしょうが、移転や用地買収などの困難な交渉を地元の議員がまとめた、という話もよく聞くところです。それは個人的な活動であるというのなら、議会としては本会議でも利用可能になった公聴会や参考人制度を活用し、関係者や専門家の意見を聴いてどのようにしたいかを議会がまとめましょう。行政が行う決定は説明と納得の繰り返しですが、議会が行う決定は討議を重ねればできるのです。

　復旧・復興の国庫補助事業化等、財源確保は待っていることではありません。関係機関に出かけていって現状を訴え、事業化や採択を求めねばなりません。そのような要望活動において、市町村長部局では働きかけのできる範囲も限定的です。もちろん実際に事業を実施するにあたり、事務方と調整をする必要はあります。しかし議会は地元選出議員等を通じて政務方に直接陳情できる強みをもっています。被災した後に地域が良くなればそれが住民のため。地元をまとめたら、今度は国会議員にしっかり応援していただくよう政務活動をいたしましょう。

　事業化の重要な判断材料は、箇所付けしたら事業が円滑に実施できるのか、地元の準備は整っているのかという点。超党派・全議員が議会として動いているというのは、準備状況のあかしとなるでしょう。

議場・会議中の防災対策

　もうひとつの防災対策が議場です。議場を建築としてみると、柱がなく、天井が高い、あまり構造的に安定した空間ではありません。遮音のため窓はなく、出入口も限られています。張り出し型の傍聴席もよく見かけます。ところが議員や首長以下の幹部職員が勢揃いするのが議場。本会議中に地震などで議場が被害を受けると、建物の被害にとどまらず、指揮系統等が一挙に壊滅してしまう可能性もあるわけです。建物と

しての議場の堅牢性を高めることは簡単ではありません。万一に備えるためには、本会議中に強震に襲われた場合の避難方法や経路等の対応を定め、定期的に避難訓練を行っておくべきでしょう。より効果的な訓練とするためには、「傍聴者の誘導」「議員の安否確認」「けが人の救護」等、具体的な役割を決めて実施すると良いのでは。

アメリカの大統領の職務代理者となる閣僚は全員が同じ場所に集合しないようにしています。議場に構造上の問題がある場合、念を入れるとすれば、例えば副市町村長は議場には入らずに別な場所で待機するというようなことも、検討すべきかもしれません。

多くの議場にはIT設備はなく、携帯電話も持参しないのが普通ですが、緊急連絡が最初に届けられなければならないのは議場の参集者です。神奈川県逗子市議会が議案を携帯情報端末のiPadで配布することとして議場への電子機器の持ち込みを可能としたそうです。新聞等の閲読禁止の考え方と、パネルやプロジェクタを使用してわかりやすい議論をしようという時代、ITの活用も緊急時、瞬時に自前の情報伝達ができる点で十分検討しなければなりません。当面、携帯電話の使用はともかくとしても、静音状態では持ち込みを認め、緊急対応が可能となるような対応も考えるべきでしょう。

寄附・請負禁止という別な問題

災害時等の議員個人の役割を考えていくときに引っかかるのが、議員に課せられている公職選挙法の寄附禁止規定です。

> ○公職選挙法第199条の2（昭和29年改正で追加）
> 　公職の候補者……は、当該選挙区……内にある者に対し、いかなる名義をもつてするを問わず、寄附をしてはならない。……

公選法の規定は、議員が当該自治体に寄附するのは、違法だということです。つまり、議会活動について必要となる経費をポケットマネーで出してはならないのです。寄附禁止は金銭だけではなく、物の寄附にも適用されます。この条文を素直に読めば、議員報酬の金額を超える額を議会活動に費やしたならば、それは寄附であると言わざるを得ないでしょう。

　防災活動を議会活動とするならば、それに要する費用は公費で支弁されなければ、「誰が寄附したのか？」ということになってしまいます。

　また、地方自治法は議員に対し、請負禁止という義務を課しています。

○地方自治法第92条の2（昭和31年改正で追加）
　普通地方公共団体の議員は、当該普通地方公共団体に対し請負をする者及びその支配人又は主として同一の行為をする法人の無限責任社員、取締役、執行役若しくは監査役若しくはこれに準ずるべき者、支配人及び清算人たることができない。

　つまり自ら対価を受け取って防災活動に従事することが、当該自治体に対する請負と解されるようなことがあってもならない訳です。寄附禁止と請負禁止の両方を同時に解決するためには、議員が従事する防災活動は、議会の公務であって、議員の本務なのである。その対価や必要経費は、公金によって支払われている、と整理しなければならないでしょう。しかし、通常は起こらない災害時の対応のための対価や必要経費が議員報酬に含まれているというのも理にかないません。行政の職員のように特殊勤務手当を払うにも、その根拠となる規定がないのです。法律上の筋を通すのであれば、消防団や水防団のように、訓練や出動の際には、費用弁償と公務災害をきちんと担保しなければならないでしょう。

　なお、公務による訓練・防災活動であることを明確にするためには、

専用の被服を着用することが外見上もわかりやすいと思います。そこで議会の災害対策本部員であることが瞭然とした防災服をはじめ、安全を配慮したヘルメットや帽子、靴などを貸与する仕組みも必要でしょう。いずれも消耗品ですが、法律に規定がないので給付することはできませんので任期の始めに貸与し、任期終了の際に返納を求めることになります。防災服等は多人数で共用するものではなく、自宅になければ出動できないものなので、任期中は保管を依頼すること、ヘルメットや防災服には安全のため、本人確認ができる表示（氏名、職名、連絡先、血液型等）を貸与期間中行うべきことを規程等で明確にしておきます。

議会の防災訓練

　防災のための計画をつくり、実行していくためには、議会自身も訓練を行うことが必要です。「想定外」という言葉が使われますが、頭の中で考えるだけでは、何をどのようにすればよいか、わからないからこそ、有効なのが訓練です。

　議会ではどのように防災訓練を行えばよいでしょうか？　先に紹介した鶴ヶ島市議会では、議員は以前は市の防災訓練に来賓として招待されていたそうですが、現在では市の防災訓練の際に、議会の災害対策本部としての訓練を同時に行うようにしているとのこと。まず、（行政側の）災害対策本部との共同訓練を行うことから始めるとよいと思います。

　その後は自治体の規模等によって、どのような手法を採るべきかはまちまちでしょう。

　人口・職員が少ない町村では、議員が集落等の受け持ちを決め、普段から巡回していることが訓練と言えるのではないかと思います。先行例を見ても、被害箇所、危険箇所の現場確認や通報は必ず行われているようです。では、どのような情報をいかに記録し、通報するか。実行部隊が対応するためにはどのようなことが把握されていることが必要か。危

険度や緊急度はどのように判断すべきか。まずは訓練を行うことで、何が求められるかを確定させていくことの方が先なのかもしれません。

　大規模災害が起こった際には他自治体からの応援や救援物資などが届けられます。しかしいくらカーナビがあるといっても、どこをどのように行けば避難所があり、救援物資の受け入れ基地がどこか示してはくれません。地域の事情を良く知っている者があらかじめ想定しておいた計画をもとに道案内を行うなどは、議員が担当しやすい部分ではないでしょうか。どのような訓練が必要となるかは、これまでの災害における反省点等に学ぶのが早道なのではと思います。

　いろいろな想定を置いて訓練をする。そこで発見された問題を解決するためには、また内容を変えて繰り返し訓練するだけが、災害が起こってしまったときの「想定外」を減らす方法だと思います。議員は来賓として防災訓練を視察するだけでなく、防災服を着て参加し、そして主体的に訓練を計画し・実行し、その結果を首長と共有する。そんなことを次の訓練からでも行ってみませんか⁉

注※
1　安井謙自治大臣趣旨説明、第39回国会衆議院会議録第6号、昭和36年10月6日、67頁

暫時休憩

議会紹介　徳島県北島町議会

全国コンパクトタウン議会サミット

議会間の連携の事例

　コンパクト・シティという考え方があります。行政や生活など、町の機能を担うさまざまな施設がどこにどのように配置されているか、あちこちにあるのが多極分散、その反対がコンパクト・シティ。歩いてでも移動ができる程度の一定範囲に施設を集中配置し、それ以外の周辺部からは集約するという考え方です。

　平成の合併から10年。当初は旧町村にあった施設を生かしながら多極分散を目指していた場合でも、施設の維持管理の「効率化」からコンパクト・シティとすべきかどうかと悩んでいるところも多いと思います。

　平成25年、参議院選挙直前の6月25日に第30次地方制度調査会の答申が安倍総理に提出されました。答申には、国土を東京・関西・名古屋の三大都市圏とそれ以外の「地方圏」とに分け、三大都市圏は日本の経済を牽引し、それ以外の地方圏は行政機能を維持するために、単独の市町村単位ではなく、政令指定都市等の中枢機能を持つ都市と周辺や定住自立圏の中心市と周辺をモデルに、中心から遠く離れた町村の行政機能は集約とネットワー

サミット参加者（撮影：北島町議会　大西徹氏）

ク化すべき、と書いています。

　市町村の区域をはるかに越えた圏域で集約とネットワークというのですから、昭和や平成の合併の結果、単独の市町村の中での多極分散は当然にやめ、となるのでしょうか？　圏域内の行政機能は中心部に集中させて、周辺部の行政サービスも中心となる市町村が一括して担うべき、というようにも読める答申です。

コンパクトタウンとは

　コンパクト・シティとは別です。昭和・平成の合併を選択せず、ほぼ明治の合併の際の区域のまま、現在に至っている町村です。議会サミットの規約では、面積15平方キロ以下が目安。単純な四角形とすると、$\sqrt{15}$ですから縦横3・8キロほど。少し早足なら端から端まで1時間で歩くことができる計算です。該当は64市町村とか。そんなコンパクトな町の議会がお互いに連携しようと始められたのが全国コンパクトタウン議会サミットです。

　平成22年11月に香川県宇多津町で第1回を開き、翌年の第2回も宇多津町で。24年の第3回は2月に岐阜県岐南町で、25年の第4回が、4月18・19の両日、徳島県北島町で開かれました（写真）。

　第4回大会は13町議会が参加。サミットと言っても、議長や代表者だけが集まるのではありません。趣旨に賛同すれば、参加議会の議員だれでも参加可能。当日は計65人の議員（もちろん、議長も含みますが）が集まりました。日程は木曜日の午後に開始、北島町庁舎（議会と公民館などが合築）を会場に講演会と分科会を行い、夕方、会場を徳島市内のホテルに移して懇親会。翌金曜日は北島町内と周辺施設の視察でした。

　町村議会では郡単位の議長会で研修等を共同開催することが珍しくありません。そのため、近隣の議会どうしでの交流は市議会と比較するとかなり盛んであるといえます。しかし距離的には離れた、しかし共通した課題を持つ複数の議会が交流する、ということはあまりないことなのではと思います。

　そしてもう一つの特徴は、この交流は議会の代表者として議長や委員長が参加するのではなく、賛同議員ならだれでも参加している、ということです。

　コンパクト・タウンの置かれている状況はさまざまです。しかしその多く

は、大都市近郊のベッドタウンであったり、区域内や近隣に工場や商業施設、事業所などが立地している、あるいはその両方を兼ね備えている、という具合。コンパクトな中に、町としてのさまざまな行政機能はフルセットにしており、かつ、町全体が徒歩移動可能圏ですからコンパクト・シティでもあります。

ネットワークで自立

　しかし、さらなる市町村合併は難しいだろうとした第30次地方制度調査会答申では、小面積市（大人口が前提のようですが）の合併推進はほのめかされています。今後、地方交付税の補正係数が変更されて、小面積であることが著しく不利になるようなことになるのでしょうか。コンパクト・タウンといっても、自己完結ではないのは当然のこと。むしろ他の都市等とのネットワーク化の中に組み込まれているからこそのコンパクト・タウン。開催地である北島町も、徳島市を中心市とする定住自立圏の一員です。

　さて、第4回は北島町におけるネットワーク化がよく見える内容でした。記録の作成は、すぐ近くに立地する四国大学の経営情報学部の学生が担当。将来、公務員を目指している学生も含め、議員が集い、議論するところを実際の議場で見て、議会に対する関心を大いに高めた様子。場所を移した懇親会では、徳島県知事や北島町長も来賓として駆けつけ、議論に花が咲くとともに、阿波踊りの講習を受ける一幕もありました。

　コンパクトだから地理的に近い周辺の町と一緒になって役割を果たすのは当然です。けれども、それだけではなく、遠く離れてはいても、問題や志を同じにする町とネットワークを結ぶということも大切。また、代表者だけではなく、議員だれでもと幅のある交流を持つことも効果的です。問題解決や団結のための議長会等とは別に、議員間交流による政策研究のための議会間ネットワーク。コンパクトタウン議会サミットのほかにも行われているようです。

　このような会合は首長の間、行政職員の間ではごくごく当たり前のことですが、議会では平成24年の地方自治法改正で議員の政務活動がようやく認知されたばかりです。今回の大会でコンパクトタウン議会サミットにも協議

会が誕生しました。首長部局のさまざまな連携組織同様、議会でも議会間・議員間の連携を進め、手弁当の良さを残しつつ、公務である政務活動として事務局がしっかり補佐して伸ばしていくことが必要でしょう。

● ● ● 北島町・議会を紹介します ● ● ●

　北島町議会（灰田菊蔵議長）は定数14人で総務、文教厚生、産業建設の3常任委員会（定数各10人以内、複数兼務あり）と議会運営委員会、議会改革推進、議会広報編集、予算決算の3特別委員会が置かれています。

　議会改革の取り組みが進められており、平成17年には政治倫理条例を制定、20年には議会基本条例を制定しています。22年6月議会からは定例会録画映像のストリーミング配信を始めています。

〒771-0285　徳島県板野郡北島町中村字上地23-1
北島町議会事務局　　TEL 088-698-9811　　FAX 088-698-2176
e-mail　gikai@town.kitajima.lg.jp

☆　　☆　　☆

　北島町は徳島阿波おどり空港のすぐ隣、四国三郎の異名を持つ吉野川の北側、ひょうたん型の中州の西半分にある面積8.77平方キロのコンパクト・タウンです。吉野川を南に渡ると徳島市。面積は徳島県最小ですが、人口密度では四国一。ほぼ全域が住宅地と工場・商業施設です。北島町は明治22年の町村制施行の際に北島村として成立。その後は昭和15年に町制を施行しましたが、成立以来合併等はしていない町です。

　平坦地が広がる北島町は藍染めに端を発する化学・製薬工場の城下町として発展。最近は徳島市等への通勤者のベッドタウンとなり、ショッピングモールもあるため、人口増加が続いています。

9月 決算はどう審査する

　かつては12月が主流だった決算審査。ここ10年ほどで9月議会での審査が多くなりました。とはいえ、前年度に使ってしまった予算について、半年もたってからの審査。しかも認定でも不認定でも関係がない!?と言われては、どうにも意気があがらないもの。

　株式会社の株主総会なら、一番の花形が決算なのに、自治体議会の決算はどうしてこうもパッとしないんでしょうか。決算審査を面白くすることから、役立てる決算にする方法を考えましょう。

決算とはどういうものか

　自治体の決算とは、歳入予算に対して幾ら収入することができたか、歳出予算に対して幾ら使ったかをそれぞれ集計した数値です。予算同様、何課の仕事で幾ら、という集計ではありません。款項目節という、地方自治法施行規則で全国一律に義務付けされた区分に従い、どんな性格のお金の使い方をしたのかの集計です。

　地方自治法施行規則第16条は「決算の調製の様式は、別記のとおりとする。」としています。他の条では「別記様式に準じて」と書き分けていますから、これは従わなければならない基準ということになりましょう。

自治体の予算・決算は地方財政計画等をつくるためのものであるとすると、全国同じ基準・様式で決まっていなければならない、ということもわからないでもありませんが、それが果たして議会の審議の際にも「議案」とされるべきなのか。実際、議会の審査でも地方自治法施行規則の別記様式に基づく決算書や決算事項別明細書は、まず使われないでしょう。

　別記様式の「決算の調製の様式」は総務省ホームページの「法令データ提供システム」には掲載されていませんから、印刷されている法令集で確認してください。一番大くくりな総務費や土木費といった「款」と、次の「項」までの範囲で、予算現額いくらに対し、収入あるいは支出がいくらであったかを一覧とした表で、これが議決の対象とされています。

　法律上の認定の対象とは別に、決算の議会提出にあたっては他に資料を添付することになっています。一般に議会の決算審査では、事項別明細書や各部課が作成する説明資料をもとに説明と質疑が行われていることと思います。

決算議案ができるまで

　予算案は首長が一括して調製しますが、決算を調製するのは出納を担当する首長部局の一般職職員である会計管理者がします。

　かつては伝票と手書きの帳簿に頼っていたわけですが、現在では多くの自治体で財務会計事務全般がコンピューター化されています。コンピューターは記憶装置に障害が起きても復旧できるように、記録されているデータを別の装置に複写するバックアップを取っているのが一般的。バックアップの際に、「やりかけ」の情報を残しておく訳にはいきませんから、その日の処理は完了させます。だから現在では決算は毎日行われている、というわけです。

　一般会計は**現金主義**。3月末に会計年度が終わった後、4・5月は引き

続き前年度中に確定した債務の支払いと債権の受け入れができる**出納整理期間**。お金の現物のやり取りが済まないと出納は閉鎖できないからです。したがって決算の調製は出納が閉鎖される6月になってから。調製の期限は出納の閉鎖後3か月以内です（地方自治法第233条第1項）。他方**発生主義**を採る企業会計では会計年度が終わるとすぐに決算を調製することができます。この間、地方財政計画をつくる等のために、先行して**決算カード**が5月中旬に作られ、総務省に提出されています。

会計管理者が決算を調製すると、次は監査委員による審査です。専任の監査委員事務局がいる場合は前年度の歳入・歳出に関係する書類の一切を各課から集め、事務局職員が法令等に適合しているかを調べます。後述のとおり、専任の事務局がいない場合はこの過程も監査委員が自ら行っていることもあるようです。

監査委員の審査が終わると、審査意見書が作られて首長に報告されます。議会に決算を提出する期限は、「次の通常予算を議する会議」まで（同第233条第3項）。予算は3月議会ですから、かつてはその前の12月議会に提案されることが多かった、という次第です。

決算制度の変遷

明治初期から憲法ができるまでの間、近代国家のさまざまな制度が研究され、取り入れられてきました。予算とは何か、なぜ議会の「協賛」を受けなければならないのか、ということは比較的理解されやすかったようです。ところが決算についてはなぜ、ということが簡単には理解されず、さらにそれを議会に出すというのはどういうことか、決算は単なる報告なのか、議決事件なのかすら、議会が開設されてからも議論が続いたのです。結局落ち着いたのが現在の決算制度です。

はじめに国の決算について、確認しておきましょう。日本国憲法第7章　財政では、終わり近くの第90条に次の規定があります。

> ①国の収入支出の決算は、すべて毎年会計検査院がこれを検査し、内閣は、次の年度に、その検査報告とともに、これを国会に提出しなければならない。
> ②会計検査院の組織及び権限は、法律でこれを定める。

この規定は、明治憲法第6章　会計の最後の第72条とほぼ同じです。

> ①国家ノ歳出歳入ノ決算ハ会計検査院之ヲ検査確定シ政府ハ其ノ検査報告ト倶ニ之ヲ帝国議会ニ提出スヘシ
> ②会計検査院ノ組織及職権ハ法律ヲ以テ之ヲ定ム

　国の決算に対する考え方は、明治以来変わってこなかったと言うことができそうです。
　明治憲法の解説書であった伊藤博文『憲法義解』は第72条について、次のように述べています。
　予算は会計の初とし、決算は会計の終とす。議会の会計を監督するに其の方法二つあり。即ち、一は期前の監督にして、二は期後の監督とす。……期後の監督とは経過せる年度の決算を審査するを謂う。此の期後の監督を取る為に、政府は会計検査院の検査を経たる決算を以て、該院の報告を併せて、議会に提出するの義務あり。……会計検査院の行政上の検査は議会の立法上の検査の為に準備の地を為す者なり。故に**議会は検査院の報告と倶に政府の決算書を受けて、其の正当なるを承諾し、之を決定すべし**[※1]。
　明治政府側の考え方は決算をできるだけ限定的なものとしていこう、であったと言えましょう。
　では、自治体の決算とはどう規定されていたでしょう。地方自治法の前身にあたる法律、明治21年の市制・町村制の規定は次のようでした。

```
┌─────────────────────────────────────────┐
│ 収入役は会計年度終了後3か月以内に決算を調製 │
└─────────────────────────────────────────┘
                    ↓
┌─────────────────────────────────────────┐
│ 市：参事会、町村：町村長は審査し意見を付す │
└─────────────────────────────────────────┘
                    ↓
      ┌──────────────────────────┐
      │ 市会・町村会は審議・認定 │
      └──────────────────────────┘
                    ↓
      ┌──────────────────────────┐
      │ 認定後、市町村長は知事に報告 │
      └──────────────────────────┘
```

　決算の調製期間は変遷がありますが、議会提出に先立ち審査を行うという会計検査院と似た仕組みは市町村でも同様でした。検査し、確定したものを議会に報告しているのだ、という点は一貫している訳です。なお、町村会は町村長が議長だった訳ですが、決算は自ら審査していますから、町村長・助役は、決算審査において議長になることはできないとされていました。そして昭和21年、日本国憲法制定前に内務省官僚の主導による最後の市制・町村制改正で決算を含む監査の実施機関として監査委員制度が導入され、これがほぼそのまま地方自治法に引き継がれます。

　監査委員制度は画期的でした。会計検査院に類似した、しかし行政による監査と議会による監査とを監査委員選任にあたる議会の同意と、議員からも監査委員を選任するという制度によって結びつけたからです。

　自治体における決算の取扱いについては、地方自治法制定の際にもあまり変化はありませんでした。

決算審査の性格

　決算は予算と同じ「案」でしょうか？　株主総会であれば、利益や損

失をどのように処分するかという中心議題なのですが、自治体の決算は国の決算と同様、報告であって、執行の責任を解除するためのものです。ですから議会の審議の結果が認定でも不認定でも別段の効果はない、と説明されてきました。前項で説明した、明治時代の考え方を引きずっている訳です。

だから議会によって、決算に予算案や条例案と同じ議案番号は振らず、「決算第〇号」とか「認定第〇号」という別の番号を振っている例もよく見ます。民間企業の株主総会での中心議題は、実質、3月議会か、その後の専決処分によっている年度末の整理補正の中で行われています。

決算は議会から出している監査委員が先に審査をしています。だからといって議会では監査委員の審査意見をそのままのまなければならない、ということはありません。あくまで監査委員は監査委員、議会はまた別の立場として審査します。少し別の話として、議会選出の監査委員は自ら監査した決算を決算委員等として審査できるか、という問題も時々起こるようです。

確かに自ら執行した事件について監査することはできません（地方自治法第199条の2により除斥する）。しかし監査の対象が議会費であったとしても、財務会計上の行為を行うのは首長とその補助職員、つまり議会の事務局長と書記に限られます。多人数の議会であれば、議会選出監査委員は決算審査に入らないとすることも可能でしょうが、少人数の議会では、むしろ監査委員としての知識をもとに積極的に審査を行うことでよいでしょう。

ただし、監査委員とその経験者には職務上知り得た秘密に関しては守秘義務があります（地方自治法第198条の3第2項）。決算審査にあたり、決算書等に秘密事項が記載されることはないと思われますが、税の滞納情報などは監査の際に資料に接している可能性もあるので、一定の注意は必要です。

決算審査の方法

　決算審査をどのように行っているのか。各地の議会でお話を伺ってみると、随分とまちまちのようです。比較的規模の大きな市議会では監査委員の役割と議会の決算審査とがはっきり分けられており、議会の決算審査では予算を執行する際に事業効果を高めるためにどのような工夫がなされたのか、というような決算書には同じ金額で表示されたとしても、「最少の経費で最大の効果を挙げ」(地方自治法第2条第14項)たかの追求が行われているようです。

　他方、監査委員事務局による予備的な監査（事務手続が適正に行われているか、計数は正確か）などがほとんど期待しえない小規模町村では、決算審査に先立って出納関係書類を議会に備え置き、議員が手分けをして点検しているという話も聞きます。その際、議員として決算審査にどのように望むべきかは『議員必携』（第9次改訂版）第3編第3章　決算の認定の章　六に「決算審査の着眼点」が挙げられています（266〜273頁）。また、その詳細についてはこれもお馴染みの『監査必携』（第3版）第2編別項（26〜125頁）も参考にすべきでしょう。

　ここでは議員必携の一番最後に書かれている「そして、特に重要なことは、「金をいくら使ったか」ではなくて、「住民のためにどのような仕事をしたか。その仕事の出来高と出来具合をみることが主眼である」を具体的に考えてみましょう。

　決算書や事項別明細書の記載からわかるのは金額だけです。すると、どのような仕事をしたかは別の資料を見るか、監査委員が作成する審査意見書を照合させながら質疑により提出させなければなりません。そこで決算審査の際には、さまざまな参考資料が添付されている筈です。これらは法定されている訳ではありませんから、自治体によりあったり、なかったり。また、その様式や内容もまちまちだと思います。

・部課別の主要事業一覧

　住民のためにどのような仕事をしたか。予算の款項目の区分に従い、その「項」や「目」でどのような事業を行い、決算額のほか、事業量（延長、面積、利用者数等）や事業効果などを表示した資料が主要事業一覧です。

　予算の一つの費目を一つの課でだけ執行しているとは限りません。また、人件費は原則としてそれぞれの事業に付くのではなく、各款の初めの方に置かれている「総務費」に一括計上されることになっています（地方自治法施行規則別記様式「予算の調製の様式」備考2）。だから逆にある費目を多くの部課で所管している場合もあれば、窓口など、住民にとって非常に身近な事務なのに、予算上はさまざまな事業（戸籍住民基本台帳＋税務＋健康保険＋…）に分散して計上されているため、一つの部課がさまざまな費目を持っている事務、職員数はいるが事業としては挙げられておらず、人件費は別の費目にあるため、決算書上ではどこにあるのかがわからない事務、決算額は非常に小さいにも関わらず、国庫補助の要件として独立の費目を設けて収支を表示することが義務付けられているなどいろいろです。

　主要事業一覧では、普段、なじみのある行政組織が、どんな予算科目を執行しているのかを確認することができます。

・補助金等交付先一覧

　補助金のほか、負担金、交付金等名称はいろいろですが、自治体から他の事業主体に対して交付している補助金の一覧なども提出されているのではと思います。補助金等を交付した結果、どのような効果があったかなどは、なかなか定量的には把握されていないとも思いますが、1件1件は少額の補助金のように見えても、交付先ごとに名寄せをしてみると手厚く支援されている行政分野とそうではない分野とがはっきりわかるものです。

　既得権に切り込んでいくのは行政では難しいこと。新しい行政課題に

対応できているかどうかというチェックをするためには、補助金等がどのように見直されているかを時系列で比較すると、意外なところが理解できます。

- **歳入・歳出の対前年・長期傾向も要チェック**

地方自治法施行規則による決算事項別明細書を見ないと、現年度の予算額に対していくら使ったのかしか表示されていないことにまず注意が必要です。前年度の予算額や決算額がいくらであったのかを単独で読み取ることはできません。これは予算書でも同じで、前年度の当初予算額との比較しか示されませんから、決算（見込額）はもちろん、補正予算によって変動する予算現額との比較もできないのです。災害の発生や法令改正があった年度の決算審査にあたっては、補正予算が提案された際の資料等を必ず参照して年度途中の補正が有効に活かされたのかを質しましょう。

また、議会事務局には議案綴や議決書として過去の決算書等が保存されている筈です。過去10年間程度の変化を調べてみましょう。大きな流れとして、コンクリートから人へと言われたように、「款」の単位では土木費の減額、民生費の増額が、それに対応するように「節」の単位では「工事請負費」から「扶助費」へという流れが確認できる筈です。対前年比だけではわずかな変化のようですが、それが5年、10年と続き、予算の骨格自体が変わってきている大きな流れは、対前年比で仕事をしている職員よりも議会が判断すべきことでしょう。

- **他自治体との比較**

決算書からだけでは読めませんが、他の自治体の決算との比較も有用です。

平成の合併をした場合、地方交付税は10年間、合併をしなかったものとして算定されていました。その期間が終了すると、経過措置を経て本来の額に戻されます。合併自治体は同じような人口・面積で合併しなかったところの中で、できるだけ財政規模が近い自治体を探し、地方交

付税がどのくらいになりそうか、それを受けてどのような対応を採ればよいかを検討しましょう。なお、平成25年度予算からは地方交付税の総額は減少に転じています。

　平成25年の第30次地方制度調査会答申を見ると、地方圏はこれまで通り支えきれない、と言いたいのでは、とも思います。市町村議会も自らの立ち位置を県庁や霞ヶ関と同じように俯瞰しなければならないのです。そのためには近隣自治体との比較だけでなく、地理的には離れているけれど、産業や人口の構成が似ているという自治体を調べ、財政構造を研究することが必要です。これは少人数の議会事務局では難しいですから、専門的知見の活用や決算の質疑を通して執行機関に研究させることで良いでしょう。

　自治体固有の事情があるからこそ、地方自治なのですが、予算や決算が全国一律の書式で作られていることは、それぞれの事情を取捨して共通するものもある、ということです。議会での決算審査にあたっては、わが町のやり方は他の町に比べてうまくいっているのか、という点にも着目してください。

小規模自治体の監査委員事務局体制

　監査委員制度は委員の人数こそ、人口25万人を境に2人→4人と変わるものの、監査の執行機関としての位置づけや権限はすべての自治体に共通です。

> ○地方自治法第199条
> ①監査委員は、普通地方公共団体の財務に関する事務の執行及び普通地方公共団体の経営に係る事業の管理を監査する。

　ところが実態をみると監査委員を支えるべき事務局のあり方が大きく

異なるのです。

○地方自治法第200条
①都道府県の監査委員に**事務局を置く**。
②市町村の監査委員に**条例の定めるところにより、事務局を置くことができる**。
③事務局に事務局長、書記その他の職員を置く。
④事務局を置かない市町村の監査委員の事務を補助させるため書記その他の職員を置く。
⑤事務局長、書記その他の職員は、代表監査委員がこれを任免する。
⑥事務局長、書記その他の常勤の**職員の定数は、条例でこれを定める**。ただし、臨時の職については、この限りでない。
⑦事務局長は監査委員の命を受け、書記その他の職員又は第百八十条の三の規定〔職員の兼務〕による職員は上司の指揮を受け、それぞれ監査委員に関する事務に従事する。

都道府県では**事務局を置く**（第1項）つまり必置規制です。東京都監査委員事務局職員の条例定数は89人ですが、町村では全職員数より多い

表　監査委員事務局が議会事務局と兼務であることをどう考えるべきか

問　題　点	利　点
監査・決算にかかわる職員の範囲がより限定され、チェック機能が一つ減ってしまう	予算審査からの議会での議論の知識が生かせる
行政職員は議員控室がある議会事務局に監査上の問題があるか等事前の相談に行きづらい	決算議会審査上の問題点を事前に承知しうる
6月議会の繁忙期と決算審査の時期が重複するため、決算審査の開始が遅くなる	――

9月　決算はどう審査する

こともあるでしょう。そもそも**職員の定数は、条例でこれを定める**（6項）のですから、何人と定めるかは議会と首長の意思です。一方、市町村では**条例の定めるところにより、事務局を置くことができる**（2項）という任意規定。これを受けて大多数の市町村で事務局は設置されてはいます。しかし町村や小規模市の監査委員事務局は、ほとんどが議会事務局との兼務。同じ職員が決算の審査意見書を書くことと、決算を議会審査するという双方の補佐をするのですから、問題点も考えられるわけです。

これからの決算審査

　監査委員制度に対するごく自然な住民意識は、これまでの研究会等で次のように言われてきました。

①どうして監査委員がいるのに住民監査請求などが出てくるのか
②なぜ、裁判で違法と判決されるようなことを、監査委員は事前に差し止めることができないのか
③機能しない監査委員なら、いらない。別制度にすべきではないか

　いずれも原因は監査委員制度にあるのではありません。監査の主対象が事後の決算だから、というところにあるわけです。そうであれば議会は、現行制度と住民意識との間にある隙間を埋める努力をしなければなりません。
　第一には監査委員が十分に機能できるように、事務局体制を充実させることでしょう。小規模町村において、事務局の予備監査が行えないために、議員全員でそれを行うというのは、議会と首長との役割分担の上でも好ましくないように思います。わずかな人数しかいない議会事務局に立場の違う監査委員事務局を兼ねさせる結果、決算審査の準備が遅くなるのでは、効果的な監査＝決算審査はできません。地方制度調査会等

のいう監査委員事務局の専門性と独立性を高めるために、郡や県単位の共同設置も一つの方法ですが、別の考え方として、兼務先を変更して、まず予備監査部分を充実させるのが効果的ではないでしょうか。

　マンパワーがあって、予算の執行からは少し距離がある。そんな格好の職場に税務があります。6月、住民税の課税が終わったら、手分けをして決算の予備監査をすることは、1、2人の議会事務局の数倍の職員がいるのですからさほど難しいことではないでしょう。普段、決められた方法で税を賦課徴収する、という仕事をしている職員たちにとって、他の課の職員が何をしているか、特に税務ではほとんどない歳出予算の内容や事務手続を知っておくことにも意義があります。

　また、現行の制度のまま、決算をより効果的なものにする努力もしてみましょう。住民意識の②は、株式会社の監査役が取締役会に出席することとの混同から、監査委員に事前監査の権限があるはずだ、という誤解に基づく話。監査委員が庁議に出るかというと、これは制度改正よりも、誰が監査委員となるべきかの根本的な議論が必要でしょう。

　そこまでしなくても、現在でも毎月末、現金や預金、金融資産の現在高等を確認する例月出納検査が行われています。そこには予算費目別の債務負担行為額（≒契約率）や支出済額（≒執行率）なども提出されているはずです。例月出納検査の結果は議長と首長に報告されているのですが、この結果を議会で利用することで「住民税の納付が遅れている」とか「年末なのに工事の発注が遅いではないか」というような執行状況に関する事前の期中決算審査が可能です。この方法で、終わってしまった決算を審査するというやりきれなさをある程度解消できるのではないでしょうか。

　ある程度の議員定数がある議会では、決算が提出されなくても、常に決算を見据えた日常的な活動を行う「決算常任委員会」の設置も進めましょう。常任委員会の複数所属制の導入は、本来、行政組織別の縦割り委員会のほかに、予算・決算等を常任委員会化し、いつでも議論ができるようにと構想されたものなのですから。

決算以外の監査の体制整備

　住民監査請求とそれに続く住民訴訟が各地で起こされています。住民訴訟の多くは政策として採られた施策に反対する立場から、財務会計上の支出をその権限があった者に対し損害賠償請求せよ、とするもの。議会関係では（旧）政務調査費が対象にされましたが、首長に対するものは 10 億円単位での請求も。それが一審では認められるという事例もあり、問題はさまざまに波及しています。その一つは「住民監査請求が出され、巨額の損害賠償を命ずる判決が出てくるのは、現状の監査委員制度が機能していないからではないか」という問題意識があったようです。
　第 29 次地方制度調査会では監査制度の議論があまり行われず、答申には制度設計をどうするべきかまでは盛り込まれませんでした。同時期に総務省は地方公共団体における内部統制のあり方に関する研究会（碓井光明座長）」を置き、「内部統制による地方公共団体の組織マネジメント改革」の報告を受けます。
　続く地方行財政検討会議ではかなり踏み込んだ検討を行い、平成 22 年 7 月の「監査制度の見直しの方向性について（たたき台）」では監査委員制度・外部監査制度の廃止、新たな監査制度をという結論が出ましたが、これも制度設計には結びついていません。
　その間、住民監査請求に基づく住民訴訟で首長に損害賠償せよという判決と並行し、議会が損害賠償する債権を放棄する議決を行う例が続き、法学者からは裁判を受ける権利への重大な侵害であるという意見がありました。しかし現実に支払うことができる金額ではないものもあったため、議決に基づく債権の放棄を認めたり、常識的な額の損害額を認定するなどの例もありました。そこで総務省には地方公共団体の監査制度に関する研究会と住民訴訟に関する検討会が置かれ、共に平成 25 年 3 月、報告書が出されています。

第29次・30次地制調の答申や監査制度研究会・住民訴訟検討会の報告等を踏まえた地方自治法改正案が準備されていくことは確実でしょう。

　監査制度に対する住民の期待は、住民訴訟などにならないよう、しっかりと監査すべきだという点にあるのでしょうが、決算となってから監査をしていたのでは遅い、という根本的な点が、これまでの研究会等ではあまり触れられていないことが気になります。

　これまでの監査制度・議会の決算審査では、「終わってしまった年度の決算なのだから、指摘したいところではあるけれど、改善もできないから黙ってしまう」ことが、現実問題としては多々あったことでしょう。

　一連の議論のきっかけとなった夕張市の財政破綻問題でも、対応策がないのに問題だけ指摘しても仕方がない、ということがありました。総務省のホームページで平成13年度からの決算カードが公開されていますが、そんな公開資料を見るだけでも、その後「ジャンプ」として知られるようになった一時借入金利子は、財政規模と比較して「！」と思う額が記載されているのです。このような問題を未然に防ぐのは、監査委員制度や決算制度そのものが悪い、というのではなく、監査が決算を対象にしていて、監査委員が内部統制を行えない、というところに根本的な問題がある、といえるでしょう。

　すると必要なことは執行段階の統制や予算段階の監査、ということになります。現行の監査制度を活用して成果を挙げている例や効果的な決算審査を行っている例などを議会間・自治体間で共有し、新たな制度設計へと結びつけていくことが急務でしょう。

注※
1　岩波文庫本（昭和15年）119・120頁。また、伊藤博文編『秘書類纂帝国議会資料・上』139～174頁。また、初めての決算審査であった第6回帝国議会（明治27年）前後の経過について、衆議院・参議院編『議会制度七十年史・帝国議会史・上』125頁、同編『議会制度百年史・帝国議会史・上』96・97頁参照。

暫時休憩

議会紹介　山形県小国町議会

小国町議会の高校生議会

　小国町議会（山形県西置賜郡、伊藤重廣議長、議員定数10人）では、平成25年2月に高校生議会を開催しました。小国町議会の高校生議会は、議場を貸し出して小中学生が議員となって質問する「こども議会」とは違います。

　議会の文教産建常任委員会が県立小国高校の生徒会と協働。生徒会の役員が議場の「執行部席」に陣取り、役職を分担。生徒会長が町長として所信表明演説を行った後、現職の議員が普段の議会と同じように町政一般について、一般質問を行った議会です。議長役を除く9人の議員からは、生徒会長の所信表明の内容ばかりでなく、地域文化学や農業問題など、幅広い質問が行われました。

高齢者福祉について齋藤町長に質問する本間義信議員

園児数の推移からまちなか居住を説明する田中定住促進課長

未来のことは若者に聞く

　全国どこでも起きている人口減。電気化学工業で知られた小国町でも例外ではありません。高校を卒業すると、就職にしろ、進学にしろ大多数は流出してしまうのです。では、どうすれば卒業生たちが町にまたＵターンし、町で働いてくれるのか。それは町の大人が頭の中で考えるだけではなく、進路選択に直面している高校生に聞いてみることが一番でしょう。

　当日の録画は小国町議会ホームページのインターネット映像中継（http://www.oguni-town.stream.jfit.co.jp/）から視聴できます。

項　　目	質問議員	答　弁　者
人口減少	米野貞雄	白い森まちづくり課長　坂上理賀
交流人口の増加策	小関和好	交流促進課長　井上大徳
地域文化学	小林　嘉	定住促進課長　田中南帆
農業問題	伊藤重廣	農業振興課長　須貝文哉
雇用を確保するための方策	今　正徳	雇用対策課長　安部健翔
交通体系の整備	安部春美	地域交通対策課長　安達洸希
高齢者福祉	本間義信	町長　齋藤香穂
地域資源の活用	齋藤弥輔	地域資源開発課長　伊藤悠希
商業振興	髙野健人	商業振興課長　塚原奈々枝 町長　齋藤香穂

地域を語り合うには

　高校生たちがまちづくりについての所信を表明し、一般質問に堂々と答弁できるのは小国高校が小学校から高校までの一貫教育を行っているから。小

幹部職員を務めた生徒会役員
(学校宝　上杉鷹山公掛軸「興学」をバックに)

国町では小学校の総合学習で地域の勉強を始めます。小中学校では小国高校教員が出向く交流授業があり、高校では山形大学や東北公益文科大学等からも教員を招いての小国町に関する授業を行うなど、相互に連携した取り組みが実を結んでいるのです。

とはいえ、地域のことを学んでいるだけでは議会での議論はできません。高校生議会は多くの議会と同じ一括質問・一括答弁方式。高校の授業ではディスカッションやディベートなども採り入れられてはいますが、普通は短いやり取りしかできません。ここからは高校生たちの努力です。議員の長い話の中から質問の主旨を押さえ、時に助け合いながら答弁していく姿に、生徒会顧問の先生方は鼻が高かったようです。

高校生議会終了後、参加した小国高校生徒会の役員の皆さんに当日の議長役を務めた遠藤和彦文教産建常任委員長と伺いました。

所信表明は生徒会長（齋藤香穂さん）が原稿を書き、それをもとに役員が意見を出し合って作ったとのこと。本物の町長なら30年近く役場に勤めた幹部職員が原稿を書き、時間をかけて直していくのですから、9人の役員で自主的に書くのは大変立派だと思います。「雪や農業、温泉を利用した観光を進めるべきだ」「マタギ文化をはじめ、地域の歴史的な資源を活用したい」という考えは、頭の中で思ったのではなく、文化財保護のインターンシップに参加した実践的な経験からの提言だったそう。小学校以来の地域学習を通じて生徒自身が小国町に愛着を持っているから言葉がしっかりしているのですね。

若者ならではの勇気に学ぶ

　高校生議会ならではの点は、日頃の学習成果だけではありません。大人たちの世界では見えない、言わないことも、高校生の目には見え、言葉となって発せられるのです。商業振興を問われたときに、商店は本当に団結して魅力をつくろうとしているのか、町が資源として売り出そうとしていることも、町の外ではちっとも知られていないではないか、もっと情報発信すべきという答弁は大人の議会ではできないでしょう。タテマエの議論ではなく、素直になって高校生たちの気持ちを聞いたら、それを受け止めて具体化していくのがこれからの議会の役割です。

　いま、若者を中心とした「選挙離れ」が起こっています。その原因はと考えていくと、選挙で政治家を選ぶ→政治家が政策を決める→政策によって有権者の生活が変わる、という連鎖が希薄になっているからではないでしょうか。平成23年12月には総務省に置かれた常時啓発事業のあり方等研究会最終報告書において、社会に参加し、自ら考え、自ら判断する主権者を育てる「主権者教育」の必要性が訴えられています。ただ選挙に行け、投票せよでは人は動きません。投票の結果で何がどうなるのか、社会的知識の欠如や政治的無関心を生まないためには、社会人となる前からの社会参加と政治的判断力・批判力を持つための学習が必要です。小国町議会と県立小国高校の連携に見られる、地域の学習成果を実際の政治の場で発表し、地域社会に反映させていく取り組みは議会が関わることができる主権者教育のモデルとなるべきものでしょう。

小国町を紹介します

　山形県内陸部の置賜地方南端、西隣は新潟県に接する人口8600人、面積737平方キロに及ぶ広大な町です。有数の豪雪とブナとをシンボルにした町のコピーは「白い森」。南の飯豊、北の朝日両連峰に抱かれ広葉樹林が広がります。工業が盛んな一方、山の恵みと深く関わり合いながら生活してきたマタギ文化が息づく地でもあり、町内一円に山の神が

祀られています。
　米沢駅から西に向かうJR米坂線・国道113号が町内中央部を横断。東京からは山形新幹線でも上越新幹線でも5時間ほどで個性的な秘湯が点在する白い森に到着します。

◆小国町議会
　〒999-1363　山形県西置賜郡小国町大字小国小坂町2-70
　0238-62-2448
　gikai@town.oguni.yamagata.jp
　http://www.town.oguni.yamagata.jp/gikai/

◆山形県立小国高等学校
　〒999-1352　山形県西置賜郡小国町大字岩井沢621
　0238-62-2054
　http://www.ygt-oguni-h.ed.jp/

10月 他自治体の視察

　9月議会が終わると視察シーズン、という議会も多いのでは。来年度の予算編成時期前に、他自治体の先行事例を調査したり、今年度事業の進捗状況を見に行ったりが視察です。何でもインターネット時代ですが、やはり現地で実物を見て話を聞くことには、代えられない価値があります。視察は初めてという方も、随分行ったけどという方にも、視察をより効果的にする方法を紹介します。

視察とは

　現場を見て、生の話を聞く。それが視察です。研究を行うときも、現場を見たか、おおもととなる原資料を確認したかと、二次的な資料の孫引きなのかで価値が全く変わってくるものですが、それは議会運営や行政施策等の調査でも変わりありません。多くの場合、先進事例等として宣伝されているものを吸収したいということが視察の動機になっているのではと思います。

　視察の対象は先進事例だけとは限りません。所変われば品変わるは、議会運営でも行政の施策でも同じ。他から見て優れた事例であっても、その地で当たり前に行われていることは改めて宣伝などされないもの。だから他の自治体に赴けば、必ず何か得られるものがあります。また、

規模や条件が同じような自治体の視察だけが効果的とも限りません。財政力や専門職員の在・不在など、条件を違えるとこんなことができるのか、ということもあります。議会運営や行政施策の優劣は自治体の規模とは関係ないのです。

日本の自治体では基本的にどこでも同じ事業を実施しています。したがって有名な「先進事例」もいいのですが、「我以外みな我が師」という選択もありなのではと思います。調査事項だけで視察先を決められれば良いのですが、限られた予算や日程の中であれこれを検討しながら企画しているのが視察ではないでしょうか。

視察の根拠

議会が議員以外を招致したり、説明や資料提供を求める権限は地方自治法に規定されています。他方、委員会や議員がその自治体外に出向く視察の根拠は当初の地方自治法にはありませんでした。委員会の委員派遣の規定は会議規則によっています。議員の派遣については、平成14年の地方自治法改正で追加されたものです。

○（標準町村）会議規則第74条（委員の派遣）
　　委員会は、審査又は調査のため委員を派遣しようとするときは、その日時、場所、目的及び経費等を記載した派遣承認要求書を議長に提出し、あらかじめ承認を得なければならない。

○地方自治法第100条
⑬　議会は、議案の審査又は当該普通地方公共団体の事務に関する調査のためその他議会において必要があると認めるときは、会議規則の定めるところにより、議員を派遣することができる。

昭和30年代から50年代ごろの解説書を見ると、実態として視察が行

われているものの、地方自治法には国会法第103条〔議員派遣〕のような法律上の根拠がないことが悩ましく思われていたようです。しかし国会の運用をみても、国会法第103条の規定により国政調査のために議員派遣が行われた例はなく、委員会による調査として行われています[※1]。

　平成24年の地方自治法改正で委員会に関する地方自治法の規定は簡素化され、必要な事項は条例で定めることとされました。委員派遣は委員会の運用に関する問題で、対外的な効果があることではありませんから、地方自治法改正を受けても根拠を委員会条例に移す必要はありません。費用弁償・旅費は条例によらなければなりませんが、首長はじめ執行機関やその補助職員にも条例がなければ区域外に出張することができない、という運用は行われていません。また、委員会がどのような活動を行うべきかは議会内部の問題ですから、会議規則で定めることが不合理であるとも思えません。したがって委員派遣の根拠は、国会よりも一段明確な会議規則で充分だと思います。

準備の事務手続

　視察先の候補が挙がったら、まず電話や電子メール等で議会事務局に対応が可能かどうかを確認します。最近ではホームページに視察の受入手続や可能日を表示している議会も見かけます。一般的に議会の会期前後は受入不可となっていることが多いようです。最近では通年議会・通年の会期制なども広がってきましたから、あらかじめ会議日程等を確認した上で照会するのが妥当でしょう。何か所かの議会を連続して訪問する場合はそれぞれから対応可能な候補日をもらい、調整することになります。宿泊先はあるか、どのような交通機関で移動可能かも考慮しなければなりません。かつては旅行業者なみの知識を持つ事務局員もいたようですが、最近では検索サイトでさまざまな移動手段を探すことも可能です。

内諾を得られて日程が固まったら、委員派遣又は議員派遣の手続を採るのが原則です。政務活動費による視察は条例の規定によりますが、議員派遣ともしておくのが望ましいと思います。

　協議が整ったら先方に視察受入依頼の文書を発送します。委員会や議員個人からは対外的な公文書を出すことができませんから、議長名で作成することになります。議会運営のみならず、執行機関や他の組織等の視察を依頼する場合でも、議長から取り次ぎを依頼することが一般的です。依頼文のほか、視察したい項目・調査希望事項を表にまとめたもの、視察団の名簿、行程表などを別紙で添付します。最近では電子メール添付でのやり取りが簡単にできますから、実物を送付する前に内容が十分か、先方に確認してもらうのがよいでしょう。

　並行して航空券や鉄道の指定席券の確保、宿の予約と、公費で費用弁償（旅費・日当）が支弁される場合の「出張命令」手続を行います。最近では旅行会社がすべて代行している場合もあるようです。議員には、行政職員のように「任命権者」が存在しません。方法論として、出張（旅行）命令は首長と同様、自分で自分に命令（決裁）している場合もありますが、議会として承知していることを明確にするため、形式的に議長が決裁する運用としている議会が多いのではと思います。

随行者

　首長なら1人で行動することはあまりなく、随行者として秘書担当職員が同行すると思いますが、議員の場合はどうでしょう？　視察議員は1人でということもあれば、委員会や会派など、何人かでということもあるでしょう。複数人で出かければ幹事がいないとまとまりません。そこではじめて随行者が付くのではと思います。

　随行の役割もいろいろ。もっとも、旅行会社のツアーコンダクターではありませんから、案内するということよりも、受入相手方とのやりと

りを除いて、むしろ議員団＋1という存在なのでしょう。どこもかしこも「行財政改革」という名のもとに、最初に削られるのが職員関連経費。本来、職員のスキルアップのための研修経費などは聖域たるべきと思うのですが、逆に最初に削られてしまうのが現状。議員の随行は今や行政の職員にとって、数少ない視察の機会となっているようです。

　随行者は、視察の成果をまちづくりのために活かすことを目的とするならば、その調査案件を所管している行政の担当者でいいのではないでしょうか。仮にその視察でわかったことを一般質問するとしても、話のかみ合い方はずっと早くなるわけです。

　調査事項が議会運営に関することであれば、最適任者はもちろん、議会事務局の職員です。

当日までの準備

　何よりすべきは「調査事項についての調査」ですが、これはこれから調べに行く現地のことを調べるのではなく、わが町でのことを調査事項がどうなっているのかを改めて調べることが、効果的だと思います。

　これから整備を計画している施設があり、類似施設の先行事例を調査に行く、という場合を考えてみましょう。先方の施設については、視察先で現物と資料とをもって担当者が説明してくれます。しかし、わが町で計画されている施設にどんな課題があるか、どのような運営をすべきか等は、視察先ではもちろん、説明は受けられません。したがって最初に必要なことは、「何を調べてくるべきか」をはっきりさせることです。施設整備なら、単に建物をつくって、利用方法や管理方法を決めてというだけではないでしょう。実際に稼働させてみないとわからない、どんな利用形態があるのか、利用者からの要望にどんなことがあるのか、また、施設の周辺にはどんな問題が起こりえるのか等々、これから考えなければならないことをシミュレートしてみるわけです。もちろん議会側

だけで作る必要もなく、執行機関の職員の随行予定者と協議していけばよいでしょう。また、議会の委員会でのそれまでの質疑を整理することも有用でしょう。

先行事例調査では、間接的な影響や他の行政機関との関係なども調査することができます。たとえば利用者はどんな交通手段を使ってくる、だから交通事業者や交通管理者にどんな配慮をしてもらえばいいか、というようなことです。案ずるより産むが易しもあれば、思ってもみなかった問題が発生していることもあるでしょう。

視察の受入側は話す話題は沢山あるわけですが、通り一遍の説明よりも、ポイントを絞った方が話しやすいものです。内容によっては誰が一番詳しい、というのも異なるでしょう。質問事項がまとまったら、それらを整理して簡単な箇条書きにまとめ、あらかじめ先方に送付しておくと、より効果的な説明を受けることができます。

持参すべきもの

情報というものはギブ・ギブ・アンド・テイク。良い情報をもらうためにはこちらからも情報を提供しなければなりません。

視察の際に持参するものとしては、「議会概要」や「市町村勢概要」、「統計書」といったものが浮かびます。確かに公式の紹介で、先方からも同様なものの提供を受けて交換する形になると思いますが、実のところお互いにあまり利用はできない？　とも思います。むしろ住民向けの「議会だより」はそれぞれの議会の特徴が出て参考になるのではないでしょうか。

行政視察の場合なら、その分野の行政の施策を紹介する資料の方がよいかもしれません。

議会運営についての視察であれば、議会運営委員会の申し合わせ事項や先例集などがお勧め。各地で議会改革が進められていますが、それを

年譜のようにまとめたものも見たことがあります。議場の設備にも最近ではいろいろなものがあるのですが、議席表まではあっても、実際の議場の風景等を紹介する写真などは見かけません。建築としての空っぽの議場の写真集よりは普段、議場をどのように使っているのかがわかるような写真はどうでしょう。議場見学で使用するパンフレットを少しグレードアップして写真や図解としたり、改選後最初の議会だよりで議場の現況を紹介するなどしておいてはどうでしょうか。要は、こちらが見たくなる、知りたくなるようなものを普段から作っておくことだと思います。

　もう一つは各議員の名刺や個人で作成している議会報告等です。次の項で述べるとおり、視察は人的ネットワークづくりのきっかけ。もし、これは！　という人と出会ったら、その後も情報交換ができるように、きちんとごあいさつしておきましょう。その際、名前や役職だけでなく、どんな活動をして、どんなことに関心を持っているか伝えられるようなものを手交することができれば、印象に残り、今後に繋げられるわけです。

政務活動費による「旅行」

　平成25年3月から改正施行された政務活動費制度。使途は条例で決めることとされていますが、旅費等の費用弁償に充当しうる範囲が旧政務調査費時代の調査目的の視察に加えて、政務活動として陳情や各種大会への出席等にも拡大された例が一般的のようです。「○○期成同盟総決起大会」などへの出席は確かに調査ではないにしろ、議員として果たすべき重要な責務であると思います。

　従来からこのような活動の成果は議員活動の中では積極的に公表されてきたと思います。政務活動費の使途の透明性の確保は議長に義務付けられていますが（自治法100条16項）、議長の透明性を保障するにはま

ず、政務活動を行った各議員や会派が議長に結果をよく報告しておかないとなりません。使途としての報告内容は「航空運賃幾ら、宿泊費幾ら」なのかもしれませんが、本来必要なことは「いつ、どこに出かけて誰と会い、どんな話をしてきた」ということ。できれば、その結果がどうなったがあればなおよいと考えてほしいのです。陳情活動などの結果がすぐに「わが町がこのように良くなった」とは結びつかないかもしれませんが、ものごとを先に進めるには、粘り強い政務活動が効果的です。

人的ネットワークづくりを

　視察で得られる直接的な成果は「知識」と言えますが、加えて大きいのは人脈ができること。特に議会運営に関する視察では、他の議会の議員や事務局員と知り合うことは、その後の議会・議員活動にとって、大きなプラスになることです。何かあったときの相談相手というだけでなく、日頃から情報交換をしておくことができればなお良いですね。

　名刺交換をしたら、その後、視察のお礼は葉書1枚でも出しておきたいもの。あいさつ状というとすぐに公職選挙法が気になるかもしれませんが、禁止しているのは自分の選挙区の有権者に対してだけ、です。

○**公職選挙法第147条の2**（あいさつ状の禁止）

　公職の候補者又は公職の候補者となろうとする者（公職にある者を含む。）は、当該**選挙区（選挙区がないときは選挙の行われる区域）内にある者**に対し、答礼のための自筆によるものを除き、年賀状、寒中見舞状、暑中見舞状その他これらに類するあいさつ状（電報その他これに類するものを含む。）を出してはならない。

　議員としての研鑽を深めるためには、議員同士の政策交流がさらに高まることが必要です。全国政党では従来から都道府県や全国単位の交流

会などが行われてきました。開催内容はさまざまのようです。最近では、公共政策や地方自治に関する学会などに所属する議員も出てきました。これには、社会人大学院で研究する議員が増えたことも要因です。頼もしいことですが、かつてはこんな時代もあったのです。

> ○**府県会議員聯合集会等を許さず及其違犯者処分方**（明治15年太政官第70号布告）※2
> 　府県会議員会議に関する事項を以て他の府県会議員と聯合集会し又は往復通信することを許さず。
> 　其集会する者、何等の名義を以てするも府知事県令に於て此禁令を犯す者と認むるときは直に解散を命ずべし。
> 　前項の場合に於て解散の命に従わざるものは、集会条例第13条に依って処分す。
> 　　　　　　　　　　　（カナを改め、句読点を付しています）

この布告、もちろん現在では効力はありません。逆に読むと、自由民権運動時代、議員間のネットワークができることを、明治政府がいかに恐れていたのかもわかります。この布告の説明には次のようなことが書かれていました。

> 　やむを得ざるの事故ありて他の府県会と往来通信することを必要とするの場合においては府県会より府知事県令に乞い、これを他府県の知事令に伝え、もって他府県会に通せしめは、即ち実際不可なるものなし。（同上）

他の府県会と情報交換しようとするときには、両方の知事を経由せよとなっていたのです。これでは二元代表制はなりませんね。議会が他の議会をはじめ、直接住民と情報交換することは、実に日本国憲法施行に

よって地方自治法第100条が施行されるまで禁じられていたのでした。この経過については次のように説明[※3]されています。

> 問 (四) 議会に対し区域内の団体等に対する照会、記録の送付等を求める権利を認めた理由如何。当該団体等が求めに応じないときは如何。
> 答
> (一) 議会は執行機関に対立する団体の最高意思機関であり、その権限に属する事務を処理するためには、自由に選挙人その他の管内の団体等と接触を認められなければならない。
> (二) 執行機関の手を通じてのみ部外の者と接触しうるという建前はむしろ知事公選制の採用に伴って、むしろ当然に改められるべきである。
> (三) 以上の理由により今回、区域内の団体等に対する照会、記録の送付を求め又は、選挙人その他の関係人の出頭を求める権利を認めた。
> (四) 右の権利を保障するため、団体等に対してその求めに応ずる義務を規定したが固より制裁を設けていない。

現在では「百条調査」というと、何か特別なことのようですが、当時の地方自治法はそんなことを考えてはいません。「議会が地方公共団体の意思機関としてその職務を完全に遂行するためには、従来の如く執行機関の手を通じて間接に部外の者と接触するばかりでなく、必要に応じて自ら自由に且つ直接に選挙人その他区域内の団体等と接触し必要な資料と情報を蒐集することが必要である。本条第一項は憲法第62条に倣いあらたに設けられた規定であり、第10項は、この調査権の実効を保障するため、区域内の団体等に対して一定の義務を課したものであって、国会法第104条に相当する。」[※4]と解説しています。

視察の対住民広報

　視察の成果はどんなものでもすぐに出るわけではありませんが、「行ってきた」ということはできるだけ住民に広報したいもの。今では視察受入議会側がどこからの視察を受け入れたかをホームページや議会だよりで公開していることも増えました。検索エンジンで自分の町の議会を調べたら、よその町のホームページに先に載っていた、では格好悪いです。

　一番簡便でかつ、正式な方法は、視察直後の本会議で報告を行うことでしょう。視察の経過及び結果を議長に文書で提出しておき、議長の諸般の報告で触れることもできますし、あるいは自ら発言により報告することもできます。必ずしも一般質問で取り上げられることばかりではないので、議会運営委員会で検討し、申し合わせておくことが良いでしょう。

　また、議会だよりに視察報告が掲載されているのもよく見ますし、さらに議員個人のホームページやブログ等でも視察は絵になるのでよく取り上げられています。大いに結構だと思うのですが、注意しなければならないこともあります。

　一つは著作権などの知的財産権。議会の視察ではあまり公開していない資料や説明を聞くこともあるのですが、宣伝をしているというつもりでも、正確な引用の表示を怠ったり、権利者に無断で使用したりが著作権侵害になることもあります。また、施設の運営状況を視察して「この点はいかがなものか」という指摘も、よほど建設的な話でない限り避けた方がよいでしょう。

　もう一つは肖像権。これは地域によって考え方や感じ方が非常に大きく違います。公開する場合は、行政職員が業務の説明をしているところなどなら問題は少ないでしょうが、それでも相手に撮影してもよいか、

それを公開してよいかの確認を取っておくべきでしょう。知り尽くした自分の町とは違うのです。施設の利用者や通りがかりの人の写真は本人に確認が取れない限り、公開は控えるべきです。

　良い事例があればそれを教わりに行くのが視察ですが、民間企業の方には、あまりピンと来ないことのようです。確かに普通に考えて、「どんなことに苦労しましたか」「うまく行っているのはどんな工夫をしたからですか」と聞かれた、それまでの企業努力をタダで話す、ということはあり得ないでしょう。そのようなときは、視察ではなく、相当高額の受講料を払うセミナーなどで紹介されるようです。広報の際には、そんな受け取り方をされる可能性もあることにご留意を。

管内・近隣の視察も

　これまで、他自治体の視察について述べてきました。しかし遠くの自治体に出かけることだけが視察なのではありません。

　常任委員会の調査活動で所管施設や事業の視察を行っていることが多いのですが、議員個人ではそれがなかなかできないようです。議会でルールを定め、執行機関と協議を行い、「一般住民や他自治体議員の視察は受け入れるのに、自らの議会の議員はお断り」というような弊は改めさせましょう。

　また、近隣の議会にも出かけてみましょう。別に改まっての視察ではなく、傍聴で良いのです。それぞれの議会が独自の伝統をもって運用しています。市町村議員は都道府県議会の傍聴をしていますか？　都道府県議会議員は市町村議会を傍聴しているでしょうか。これももっとお互いに行き来した方がよいことだと思います。

　同じような議事日程でもずいぶんと違った内容になっていることもあります。ほぼ同時期に会議が開かれてはいますが、休会日などを利用して議会運営ばかりでなく、同じような問題がどう扱われているのかの見

聞を広げてみましょう。

> 番外編：国会の傍聴
> 　開会していない際の国会議事堂の「参観」は一般に大変人気があることはご存知だと思いますが、国会の本会議・委員会も傍聴できます。地域のことが議論される際に議員が傍聴していることは、視察よりむしろ政務活動に該当するとも言えますが、大変に重要なことです。国会の傍聴は先着順の一般傍聴もありますが、地元選出議員の紹介によることが確実です。

議員派遣の手続きをお忘れなく

　現代ではさまざまな視察を行うことができます。一般行政職員なら、任命権者による出張命令がありますが、議員には費用弁償の支給手続はあっても、出張命令はありません。そのため、議員個人の視察ではどこまでが公務である議会活動なのか、判然としないところもあります。そこで必ず行ってほしいのが、視察の根拠の項で述べた議員派遣の手続き。これを派遣の都度、あるいは毎会計年度（通年の会期制・通年議会の場合は会期の始めに）ごとに議決しておくことが必要です。

　会議規則の定め方によりますが、その都度の議決に代えて、あらかじめ包括的に議決しておき、議員派遣の必要がある場合は議長に申し出をすることで、議長限りで派遣を決定するという運用にしている例も見ます。視察でも万一の公務災害のことも考えなければなりません。事務手続は事前にきちんと済ませましょう。

　気をつけていただきたいのが、議員派遣は政治活動であったとしても、選挙運動を行うべきではないこと。議員は自分の選挙区外にある知人の候補者や所属政党の応援演説等に出かけることもあると思います

が、それと視察等の議員派遣とは峻別しておかないと、問題を指摘される可能性があります。

注※
1　衆議院・参議院編『議会制度百年史議会制度編』188 頁。なお、国会議員の海外派遣についても法律ではなく、院議又は議員運営委員会の決定（衆議院先例集平成 15 年版 507）、議員運営委員会理事会に諮り、議長において決定（参議院先例録平成 25 年版 434）です。
2　山中永之佑ほか編『近代日本地方自治立法資料集成 1〔明治前期編〕』708 頁、712 頁。
3　第 92 回帝国議会内務大臣答弁資料、内務省『改正地方制度資料第二部』395 頁。
4　金丸三郎『地方自治法精義・上』昭和 24 年再版、448・9 頁

暫時休憩

議会紹介　新潟県町村議会議長会

10月

議員をパネルに議員間討議の実践

　町村議会にもかつての人口別議員定数の名残りがあります。したがって一つ一つの議会の規模は小さいのですが、その分、郡域や都道府県域などの議長会が盛んに活動しています。議長会の活動は議長の政務活動を中心に、議事運営の調査や疑義の回答など。一般職員にも関わりのある町村会と比較すると、議長や事務局との関係が強いですが、単独ではなかなか開催できない議員研修も議長会の得意とするところです。

　議員研修といえば、講師による政治の現況分析や地方自治法改正の動向、それに会議規則等の議会運営の解説といったところが定番でしょう。今回ご紹介する新潟県町村議会議長会（会長：須貝龍夫聖籠町議会議長）でも毎年度、県内全町村の全議員の集合研修を講演形式で行ってきました。

　新潟県は平成の合併が最も進んだ県の一つ。平成の合併前、新潟県には20市57町35村の計112市町村がありました。92町村時代の議員数は2000人を超えていました。現在では20市6町4村の計30市町村に。現在、議長会を構成する10町村の議員数は124人です。

　新潟県の10町村は市に囲まれて点在しています。うち、8までが1郡1町村。岩船郡は1郡2村ですが、離島と内陸部で、直線40キロ以上離れています。かつてでしたら何かあ

シンポジウムの様子
新潟県町村議会議長会　五十君利夫氏撮影

10月　他自治体の視察　111

ればお隣に聞いてみることができたのですが、回りがすべて市になってしまった現在ではなかなかそうもいきません。

　そこで平成25年度の全議員研修会は、議会改革をテーマに県内各議会がどのような取り組みをしているか、4町の議員がパネラーになって、それぞれの議会でどんな取り組みをしているかの事例紹介と意見交換を2時間のシンポジウム形式で行いました。

　各議員の持ち時間は15分。町の案内や自己紹介を手始めに、各議会が取り組んできたことを資料を用いて説明しました。

	出雲崎町	津南町	阿賀町	湯沢町
議員定数（人）	10	16	16	12
人口（人）	4,902	10,733	12,956	8,322
面積（km^2）	44.3	170.2	952.9	357.0
25年度一般会計予算（億円）	32.5	65.7	126.9	79.5
使用資料	出雲崎町議会基本条例	つなんまち議会だより臨時号 平成25年度建策要望事項 議会申し合わせ事項	議会だより号外 阿賀町議会基本条例	議会の申し合わせ事項

・仙海直樹議員（出雲崎町）

　最年少議員としての当選経験から、若者が町政に関心をもつことの大切さや、どのような条件が整えば若者が議員に立候補するか。議会基本条例制定の経過について。

・吉野徹議員（津南町）

　きめ細かな住民・議会懇談会の開催状況と住民の声を踏まえた議会からの政策の建策、議会から住民への議会だより臨時号による懇談会の結果のフィードバックについて。

・五十嵐隆朗議員（阿賀町）

　佐渡よりも広い町域に120集落が点在する町で、議会がどのように住民

の前に見えるようにしていくかの取り組みを1回あたり12会場で開催する議会報告会の実例で紹介。
・**南雲正議長**（湯沢町）
　議会間の広域連携による政務活動で三国峠トンネルの改良を国に要望した経過や随時見直しにより19回もの改訂で進化を続けている議会の申し合わせ事項の紹介。

議論の概要

それぞれの報告を元にコメントを受けて三つのテーマについて質問や意見交換をしました。目の前には同僚議員。ちょっと答に窮すると、すかさずフロアから「○○だよ」という声がかかるあたたかい雰囲気でした。
①住民の議会参加について
　地方自治法百条調査の本来の意義での活用や本会議でも公聴会・参考人制度が利用できるようになったことなどを踏まえ、特に議員定数の少ない議会においては、議員だけで議論するのではなく、住民や専門家など、いろいろな知恵を入れていくべきではないか。
　各議会で実際に開催されている議会報告会は、議会が決めたことの報告よりは議会と住民との意見交換の場となっている。「報告」という名称は実態を踏まえ、より親しみやすくした方がよいのではないか。
　面積などが違えば住民との関係も変わる。阿賀町の面積は出雲崎町の21倍。選挙運動期間を全部使っても1周できない町と、1日で2周できる町とでは住民参加のあり方や方法も多様。議会基本条例なども、まちに合った独自の規定とした方がよいのではないか。
②会議以外の議会の活動について
　会議以外の議会の活動は住民の目からも、全国実態調査などからも見えにくいのではないか。
　議長等の政務活動による成果を、住民に見えるように示していくべきではないか。
　防災訓練に議員が防災服で参加するなど、住民に会議以外の議会の活動があることがわかるようにすべきではないか。

③地方圏議会のこれからについて

第30次地方制度調査会答申で「地方圏」という語が使われた。ますます東京集中となる中での地方圏議会の役割として、地方の声を政治ルートで発信することが必要ではないか。

県庁や東京に出向いて陳情するだけでなく、中央の政治家や行政官を参考人招致してまず地方の実情を見せ、住民とともに実情を訴えるべきではないか。

政務活動は、単に善処要望することから、具体的な政策を提案とすべきではないか。

質疑や質問を通じて行政のあり方を長に問うということも大事ですが、首長がどう思っているのかを聞くだけでは、議会は地域の合意形成の場にはなりません。そこには議員間の討議が必要です。

議会の会議で議員間討議をする場合でも、議員各自の考えを述べる前に、議員による事例調査のほか、首長等執行機関からの資料とさらに別の専門家が作成したセカンド・オピニオンなどが説明されると、討議はずっとやりやすくなります。討議には資料が必要なのが、議会運営委員会での議員間討議との違いなのでしょう。

選挙で当選する議員にあらゆる専門家が揃うとは限りません。地方自治法は議会には首長にはないさまざまな権限＝選挙人の証人・資料提出・専門的知見の活用・公聴会参考人という住民参加等の手法を規定しています。

議員間討議を行うためには、ただ、「私はこう思う」では不十分です。どうなっているのか複数の意見を聞き、その中でどれがいいのかを判断するのが議会の議員間討議です。

議員間討議を始める場合、最初は状況の違いを簡単にわかり合える、他自治体の議員間で行ってみることが有用です。

平成の合併によりどの府県でも町村議会議長会の規模は小さくなってしまいましたが、それをマイナスにしないように、議長だけでなく、議員全員が一堂に会して問題を共有し、交流しあう、議員どうしにも開かれた新潟県町村議会議長会の取り組みが、広がっていくと良いなと思います。こうしていくことで、議会は議員以外にも開かれたさまざまな立場・考えの者が集まって議論する場となっていくはずです。

11月 予算編成に向けて

　国では8月に次年度予算の概算要求が行われます。それが済んだ秋口から各自治体ではまず予算の編成方針が定められ、次いで各課が予算要求書を作成する時期に入ります。予算要求書の作成から予算案の確定まではさまざまな慣行によっているようですが、3か月から5か月くらいを要する作業ではないでしょうか。

　11月は早い自治体では財政担当者による取りまとめが行われて、「査定」の最中、また、自治体によっては各課による予算要求書の作成もこれから、ということもあるかもしれません。

　予算案は、一旦提出されてしまうと修正が難しいもの。したがって予算要求書が作成される段階で議会の意向を予算案に盛り込ませる必要があるのですが、それにはどうしたらよいか、考えましょう。

予算、とは？

　わかっているようで、わからないのが予算。民間企業でも「売上予算」というような形で使われることもありますが、官庁会計における予算とは、一種独特なものです。本論に入る前に、財政学とは違う、議会人にとっての予算を復習しておきましょう。

　予算には歳入と歳出があります。同じ予算でも、歳入と歳出とでは性

質が異なります。

　歳入予算は収入計画です。歳入予算では、「こういう種類の税金がいくら納付される見込み」「使用料がいくら納付される見込み」「国庫補助金がいくら交付される見込み」などと、収入の項目ごとにいくらが見込まれるかを積算していきます。景気が緩やかに回復しているという現在、「税収自然増」という言葉が使われているのを聞くことがあるのではと思います。所定の予算額に達したからといって、税金の徴収が中止される訳ではないのです。

　逆に景気後退期には税収などが不足して「歳入欠陥」ということもあります。そのときも税金や使用料が急に値上げされる、という訳ではありませんね。歳入予算は単に見積もりに過ぎないと言われることがありますが、予算に計上された総額を確保しなければならない、という訳でもなく、また、予算額に対して過剰な額は収入できなくなる、というものでもないのです。

　歳出予算は支出限度額、とでも言うべきもの。歳入予算と異なり、歳出予算では予算額を超える支出をすることはできません。平成25年にアメリカの連邦政府の予算が10月の会計年度が始まってからも暫定予算すら成立せず、職員は一時帰休、国の機関は閉鎖というニュースをお聞きになったことと思います。歳出予算はそれがなくなれば、政府の支出を伴う活動は一切できなくなってしまうという性格を持っているのです。

　では、歳入予算と歳出予算とはどのような関係なのでしょうか。一言でいうならば「関係ない」が原則です。歳入の側から見ると、税は何にでも使用することができるのが原則で、使途が限られている場合には目的税と呼びます。また、使用料や手数料などでは、その施設や事務に充当することがありますが、だからといって独立採算制となっているほど限定的ではなく、使用料では不足して使用料等以外からも充当していたり、逆にその事務だけでは使い切れず、残りを他の用途へと振り向けているなど、さまざまです。

国庫から都道府県や市町村が財源を受ける場合にも、さまざまな形態がありますが、大きく分けると地方交付税交付金のように、使途を定めることなく受けるものと補助金や交付金（地方交付税交付金とは別です）のように、特定の目的や事業に充当すべきものとされているものとがあります。

　歳出予算の財源はどこにあるのかという分類をすると、歳入側も目的税や使用料、補助金など使途を決められている場合にはその歳入を「特定財源」と呼び、それ以外のものすべては「一般財源」と呼ばれています。ガソリン税などが道路特定財源と呼ばれて道路整備に向けられる「目的税」から使途が自由である一般財源とする改革がありました。しかしたいていの場合、道路の維持管理には多額の費用がかかっているので、ガソリン税などの旧道路特定財源だけで、それらの費用が賄えていたわけではなく、あまり実効性のない議論が行われていました。

　なお、地方交付税の額を算定するため、かなり細密な台帳（道路台帳や河川台帳など）も作られ、毎年それらの実態数値の補正が行われています。しかしながらそうやって積み上げた金額がそのまま交付されるか、というと、それはまた全く別の話。交付税の総額には別の基準や政治折衝があり、総額がどう決定され、それが都道府県にどう配分されるか、また、そこから市町村への配分はどうなるかは、実際に配分されるまでは幾らになるのかわからないのです。

歳入予算と議会

　これまで、議会は歳入予算にあまり関心を払ってこなかったのではと思います。議論の中心はどこに、何をつくるのか等ではあっても、そのための財源をどう確保するかは首長に任せきりだった、とも言える状態だったでしょう。しかし、平成24年の地方自治法改正により「政務活動費」制度が創設されたことにより、財源確保についても、議員が議会の公務とし

て行う職務となったのです。当面、法改正の趣旨を受けて、たとえ政務活動費がまだ措置されていない場合でも、議員は政務活動を行うことによって歳入予算を確保することにも努力するべきであると言えましょう。

　財源確保のための政務活動としては、具体的には陳情活動が挙げられます。地方の必要のために陳情に赴くというのはいかがか、という議論もあることもわかりますが、現実問題として財源は国が握っており、それを我が地域に振り向けるように、ということは座っていてはできない話。そこは少々柱げても、財源は掴んでこなければなりません。

　そのとき、行政ルートは実務として動くのでしょうが、議会はこれまでも関係行政庁の一つとして大臣等に意見書を送ることはありましたが、単に意見を表明するだけではなく、地元選出の国会議員等と連携し、政治側から行政の動きをバックアップする必要があります。

　日本では議員に立法や事業採択等の働きかけを行うロビイング活動はまだあまり一般的ではないかもしれませんが、今後、政治主導が本格化していくことで、これまでの行政に対する陳情は政治側に対するものへと変わっていく筈ですし、またそうあるべきでしょう。そのとき、財源配分を決めることになる政治家に一番近い位置にいるのは、外ならぬ地方議会人です。

衆議院総務委員会会議録平成24年8月7日・第180回国会第15号・抄
〇稲津久委員（西博義委員の質疑に対する提案者としての答弁）
　お答えいたします。
　これまで政務調査費については、条文上、交付目的は調査研究に資するもの、このように限定をしておりましたが、今後は、議員の活動である限り、その他の活動にも使途を拡大するとともに、具体的に充てることができる経費の範囲について条例で定めることとしております。
　例えば、従来、調査研究の活動と認められていなかったいわゆる

> 議員としての補助金の要請あるいは陳情活動等のための旅費、交通費、それから議員として地域で行う市民相談、意見交換会や会派単位の会議に要する経費のうち調査研究活動と認められていなかったといったものについても、条例で対象とすることができるようになると考えられます。
> 　どのような経費の範囲を条例で定めるかにつきましては、これは各議会において適切に御判断をしていくべきものであると考えております。

　現在でも議員が国会議員を通して面会を申し込むとより高いレベルの実務者に働きかけができるもの。その場に首長部局の実務責任者を同席させれば、双方のキーパーソンをすぐにつなぐことができます。政務活動は議員ならではの効果があるところから実績を積み重ねることが重要だと思います。このような形で、地方自治法が議員の政務活動を議会として支援できるという規定を作ったことを充分に活用していこうではありませんか。

住民の意見を聴く

　各地で議会報告会が行われるようになりましたが、「決まったことの報告」では関心は高まらないようです。そうであれば、手始めにこれから決めるべき予算案について、住民の意見を聴いてみませんか。
　議会には昭和22年の地方自治法制定時から公聴会の規定が存在し、平成3年改正により参考人の規定が追加されました。

> ○地方自治法第109条（旧規定）
> （制定時）
> ⑤常任委員会は、予算その他重要な議案、陳情等について公聴会を

>　開き、真に利害関係を有する者又は学識経験を有する者等から意見を聴くことができる。
> **（平成3年改正による追加）**
> ⑤常任委員会は、当該普通地方公共団体の事務に関する調査又は審査のため必要があると認めるときは、参考人の出頭を求め、その意見を聴くことができる。

※両項は現在では本会議の権限として第115条の2に置かれており、委員会ではその規定を準用することとされています。

　予算について公聴会を開こうとすると、議案として提出されてからでないといけないように読めますが、陳情等（現在は「請願等」に改正）も含まれていますから、そう狭く限定的に解釈する必要もないでしょう。一方、参考人であれば事務調査としていつでも行うことができるのは明らかです。すると住民に開かれた議会としては、まず、どのような予算を組むべきかということを参考人招致で意見を聴き、意見のうちでどれを採るべきかを議員間討議で決め、意見書を出して予算案に反映させていく、というのが順当な順序でしょう。

　参考人には証人（選挙人）や公聴会公述人（利害関係者・学識経験者）といった制限はありませんから、議会において自由に選任することができます。いろいろな考え方ができそうですが、議会の機能に「区域内の公共的団体等の活動の総合調整」（96条1項14号）があることから考えると、商工会議所・商工会や農業協同組合などの公共的団体をはじめ、経済情勢に関しては地元金融機関等、行政以外の諸分野の代表者などがまず適任ではないでしょうか。

　公聴会・参考人は、平成24年改正で委員会のみならず、本会議でも行うことができるようになりました。この改正は議員定数の減少により委員会を置かない（置けない）議会も想定されるので、委員会によらず、

本会議のみで運営することが可能となるようにする趣旨であったと言います。結果としてですが、本会議における調査機能の充実につながり、委員会では妥当でないが、本会議場でならというレベルの公聴会・参考人質疑を行うことも可能になりました。

個人の意見を議会の決定へ

　予算編成方針の策定や予算編成作業の時期に議会内の会派や政党支部である議員団等が要望書を首長に提出することは、これまで広く行われていました。また、一般質問の機会を活用して個々の議員が予算化すべき施策を提案することも多々ありました。

　要望や提案を受ける首長も政治家ですから、政策的適否ということよりも、議会が一致しているのか、一部の議員なのかということは、大いに問題であった筈です。一般質問の適否を採決で決めるということはないと思います。けれども1人しかいない首長は、これまでそれを決めてきたのです。

　その点で地方自治法は旧制度以来、首長に対する意見書の提出制度を持っている訳です。

○ （旧）町村制（明治44年改正）　　←市制第46条も同じ。
第43条　町村会ハ町村ノ公益ニ関スル事件ニ付意見書ヲ<u>町村長又ハ監督官庁</u>ニ提出スルコトヲ得
○ （旧）町村制（昭和4年改正）　　←市制第46条も同じ。
第43条　町村会ハ町村ノ公益ニ関スル事件ニ付意見書ヲ<u>関係行政庁</u>ニ提出スルコトヲ得

　現在の地方自治法第99条の規定と連続する「関係行政庁」とは。昭和4年の市制・町村制改正の解説には次のようにあります。

関係行政庁に提出すること　ここにいわゆる関係行政の『関係』というは、その事件に関係あるものをいい、『行政庁』とは行政官庁のみならず公庁をも包含するの意なり。したがって関係行政庁なる観念には中央官庁、地方官庁のほか、府県自治体の首長たる府県知事、市町村自治体の首長としての市町村長をも包含するものなり。

　従前の規定においては市町村会が市町村の公益に関する意見書を提出し得る範囲は市町村長及監督官庁（府県知事及び内務大臣）に限定せられたりしも、事件の性質によりては他の行政庁に意見書を提出するの途を開くを適当と認むるもの多し。例えば鉄道敷設に関する意見書、産業施設に関する意見書、教育に関する意見書の如きは、むしろこれを各主管行政庁たる鉄道大臣、農林大臣、商工大臣又は文部大臣等に提出せしむるを適当とすべし。よって同年（注：昭和4年）の改正に当たりては市町村会は市町村の公益に関する意見書を広く関係行政庁に提出しえることに改められたるものとす。（五十嵐鑛三郎『市制町村制逐条示解第61版』自治館、昭和7年、403・4頁。漢字・仮名づかいを改めています。）

　二元代表制とは、議員1人1人がではなく、議会全体として首長と同じ立場に立つ、ということ。したがって議会として住民の声を聞いたら、それを取り上げるべきかどうか、また、どの順序で扱うかは意見書により軽重を決め首長に送らなければならない、ということなのです。

予算委員会の常任委員会化を

　常任委員会の設置数・所属数はかつていずれも制限されていました。現在ではいずれも自由に決めることができますが、その理由は国会からの「地方議会も予算・決算を常任委員会化すべきではないか」からです。

　国会の予算委員会はご存知のとおり、何でも扱う委員会。予算案そのものの審議もしないでもないですが、むしろ政府が編成する予算案に国会の考えを入れるために議論している、と考えるべきでしょう。そのた

めに国会議員にはほとんどの地方議会の運用である、予算常任委員会を設置せず、（当初）予算案が提案されたときに特別委員会を設置し、審議を終えると特別委員会が消滅する、年度途中の補正予算案は行政組織別の常任委員会に分割付託、というのは何とも奇異に感じるらしいのです。

地方議会側の審査方法も長い経過があって固まってきた運用ですが、議案が出て来てから審査しては遅いというのは、修正が技術的にも難しい予算については特に言えることではないでしょうか。地方自治法改正に国会が込めたメッセージに従うなら、地方議会、特に大規模議会においては予算委員会を常任委員会化し、予算案（当初・補正）の提案がなくとも、常時所管事務調査を行ってその成果を長が編成する予算編成に反映させるべきでしょう。このことは通年の会期制が法制化されたことにつながる、議会機能の充実・強化のわかりやすい事例でしょう。

予算については首長が調製し、議会は増額・減額とも修正は可能ですが、予算の考え方を変えるような「長の予算の提出の権限を侵すことはできない。」（97条第2項ただし書き）とされています。したがって最終的な調製をどうするかは首長の専管事項ですが、その際に何をどのように配慮するかはあらかじめ議会が意見を述べる国会方式にしていくことが制度の上からも望まれます。

このように考えていくと、議会は予算案ができるまでの間はできる限り執行機関以外のさまざまな公共的団体をはじめ、住民の意見を聴いて議員間討議でそれをどうするかを決める。予算案が提案されたら、議会の選択がどのように反映されたのかを質すというところに、もっと力を傾注していくことが必要なのでしょう。

望まれる予算議案の改善

さて、予算書や決算書の様式は、地方自治法施行規則の別記で決められています。規則別記では標準＝参酌すべき基準として様式を例示して

いるものもあるのですが、予算書・決算書については従うべき基準（地方自治法施行令第147条・第166条）であるようです。法的に議決しているのは、大きい順に款・項・目・節とある科目のうち、上位の款項の金額だけ。

　昭和38年の財務制度の大改正までは節までが議決項目だったのですが、改正後は非常に大括りな部分（別記「予算の調製の様式」の第1条から第7条と第1表から第5表まで）だけが議決項目なのです。つまり「どこに何を作る」という細目も、その事業にどのような歳入が充てられるのか、ということも議決の対象ではない、ということです。「予算の調製の様式」等は総務省の法令データ提供システムホームページでは省かれていますから、印刷されている法令集を参照してください（**下表も参照**）。

予算に関する説明書（歳入歳出予算事項別明細書・総括）の留意点

（歳入）

款	本年度予算額	前年度予算額	比較
全局部課の合計額。各款の構成比の過去5～10年の長期比較を行うと効果的。	現年度最新の例月出納検査の収入済額と比較すると妥当性が判断可能。	補正予算を加減した現年度の予算現額とも比較する。年度途中の補助・起債などで、款別の内訳が変わっていることがある。	表示は対前年度増減。決算書事項別明細書により各項目長期比較を行うと効果的。

（歳出）

款	本年度予算額	前年度予算額	比較	本年度予算額の財源内訳			
				特定財源			一般財源
				国（都道府県）支出金	地方債	その他	
全局部課の合計額。各款構成比の長期比較を行うと効果的。	A～Dの合計	ここも前年度当初予算額。補正予算を含まないので、最新の予算現額と比較する。財源内訳は前年度書類により確認。	表示は対前年度増減。「決算」書事項別明細書により長期比較を行うと効果的。	A 歳入の性質別区分では負担金補助及び交付金が主。	B 起債の総額は予算第5条、内訳は予算第5表。	C 住民や利用者等から徴収する使用料及び手数料等。	D 地方税のほか、地方交付税もここに入る。特定財源と同じ「節」でも、一般財源とされるものもある。

各自治体の予算書を集めて比較したり集計したりというためには、どこで何をつくる等々は関係ないのでしょうが、議決する議案の中身が金額だけ、それをどのように執行するかは執行機関に専属するというのは、今日、妥当ではないでしょう。そのため、地方議会における予算議案の審査では、議案書は通常、用いられることはありません。
　地方自治法施行規則別記の予算の調製の様式の次に「予算に関する説明書様式」として掲げられている「歳入歳出予算事項別明細書」、「給与費明細書」等のほか、各自治体ごとにさまざまに工夫された説明資料が中心に用いられて説明・質疑がなされているのが実態です。自治体の予算の場合では国の予算ほどではありませんが、説明資料中にも「箇所付け」と呼ばれる何の事業を「どこで」行うのか記載や、事業の具体的な内容等はあまり書かれていません。
　したがって議会での予算案の審議は、そこに書かれていないことの質疑、「要望した事項はどこに載っているのか」「どこで実施するのか」「どんな事業なのか」ということに終始してしまうのです。
　これを改善した例として、よく知られているのが北海道虻田郡ニセコ町の予算説明資料「もっと知りたいことしの仕事」[※1]です。どんな理由でどこにどんな事業を行う、そのための財源はということが、事業ごとに図を多用して説明されています。このような資料があってこそ、事業間の比較＝どうしてその事業から行うのか＝というようなことが、議会で議論できるようになります。
　もう一つの問題は、総務省令による様式が前年度の当初予算との比較でしかないことです。もちろん、あらゆる情報を盛り込む訳にはいかないのですが、年度途中の補正予算は反映されておらず、決算見込みとの比較でもないため、計上されている予算額が果たしてどうなのかの評価が様式からだけではできないのです。
　手計算で決算に何か月もかかっていた頃と違い、コンピュータ処理されていれば毎日決算の数値が出せることは9月の章で紹介しました。

都道府県・大規模市では2月に、一般の市町村では3月に次年度の予算案を提出するわけですから、少なくとも12月末までの補正予算・予算の執行状況を合わせて提出するようなことができないでしょうか。実務的にボトルネックになっているのが念入りな校正が必要となる印刷であるとすれば、資料は電子的な配付でよいとすることも大きな事務改善で行政改革にもつながります。

自治体財務会計制度改革と予算

　総務省では、昭和38年地方自治法改正以来の財務制度の見直しを進めています。その内容は昭和38年改正に先だって行われた「地方財務会計制度調査会」答申で挙げられながら行われなかった点、現金主義から発生主義への変更、内部牽制制度や監査制度の見直しなど内容となる模様です。最近では自治体が所有する資産の評価方法等の検討も行われているようなので、かなり大規模な改正が近づいていると思ってよいでしょう。

　近い将来、議会の予算に対する考え方を変えなければならない点も出てきそうです。そこで必要なのは、現行制度のどこに問題があり、それをどのようにすればよいという自治体議会側からの発信でしょう。予算の目的は、まず地域の住民に対し、自治体の一年間の歳入・歳出のありようを説明する筈のものです。地方財政計画や地方交付税制度のために、というのは本来二次的な目的です。

　今後は一般企業の会計のように、公平な納税のために一律な基準で作成し、しかし企業経営とはあまり関係のない納税のための管理会計と、事業をどのように展開していくのか、独自に経営戦略を練るための戦略会計とを別々につくっていくようになるのでしょうか。自治体の現行の財務会計は、それらのいずれとも違い、大昔のまま、職員が役場のお金をねこばばしないように、ということが一番の目的なのか、という感も

します。もちろん今はそんな時代ではありません。

　どのような予算制度があればどんな自治体経営が可能になるのか、さらにどんな自治体経営をしたいから、どのような予算制度が必要になるのか。そしてその予算制度に実効性を持たせるには、どのような会計が望ましいのか。また、今の地方自治法では自治体の規模等にはかかわらず財務制度は単一ですが、それでよいのか。これらの検討は必ずしも議会がすべてすることではありませんが、議会もまた、予算に大きな責任を持つ主体として、「このような予算制度になれば審議はしやすい」等を発信していくべきなのではないでしょうか。

注※
1　ニセコ町ホームページ　http://www.town.niseko.lg.jp/machitsukuri/joho/post_38.html　参照。説明資料の町外一般向けの販売は、株式会社ニセコリゾート観光協会へ（上記アドレスからリンクあり）。

暫時休憩

議会紹介　宮崎県新富町議会

議会への住民参加 ──「議会と語ろう」シンポジウム開催

　今日、議会活性化や議会改革などが盛んに言われます。中でも「開かれた議会」を標榜しない議会はまずないのでは、と思います。では、「開かれた」とはどういうことでしょうか。多くの場合、それは議会の会議を傍聴や中継で公開することや議会が保有する情報を利用可能とすることを指しているようです。

　開かれたという言葉を議会の側から考えると、なるほど議会がその活動の**結果**を開いていくということなのでしょう。しかし住民の側からすれば、議会活動の結果が開かれていることは第一としても、本来は結果に至る経過が開かれていること、すなわち、議会における決定過程が検証可能であり、そしてその過程に参加できることが重要なのではないでしょうか。

　議会制民主主義で記録の作成や傍聴、参加手続きが大事にされるのはそのためです。

公聴会・参考人とは

　地方自治法は平成24年改正まで、利害関係者等から意見を聴く公聴会・参考人の規定を委員会の権限として置いていました。委員会は議会の最終決定機関ではありません。つまり公聴会や参考人の規定が委員会の権限となっていたということは、議会としての決定の前段で審査を行う委員会で結論を出す前に住民等の意見を聴く、ということが法律の前提になっていたという訳です。

　現在では「少人数議会に配慮する」意味で本会議でも行うことができるようになった公聴会・参考人ですが、成り立ちはまさに議会の決定過程への住民参加ということ。大いに行いたいことではありますが、実態調査によると、実施例はそう多くはありません。また、地方自治法は公聴会の対象を「予算

その他重要な議案、請願等」といっています。この条文からだけ解釈すると、議案のうち重要なものだけが公聴会の開催対象であって議事一般はそうではない、とも読めます。議会は最低限の「議決」を行うだけでなく、政策形成への責任を持っています。ま

手話通訳者も参加しての「議会と語ろう」シンポジウム

た、議会自身のあり方をどうするべきかというときには、議会だけで決めるのでは、少々不足のように思えます。

議会改革をどう進めるべきか

　住民参加を求めて公開の場で意見を募ったのが、宮崎県新富町議会（長濱博議長、議員定数 14 人、人口 1 万 7800 人）です。新富町議会はより開かれた議会となるよう議会活性化特別委員会を設置して検討と改革を進めてきました。その成果を基本条例として整備することが次のステップです。しかし議会への住民参加で意見を求めるといっても、そう簡単に意見が出てくるとは限りません。そこで意見が出やすくなるよう、平成 25 年 8 月 30 日に開催したのが、「議会と語ろう」シンポジウムです。

パネリストの人選

　新潟県町村議会議長会のシンポジウム同様、登壇はまず議員。議長を中央に、ステージ左に会場整理に当たっていた議員以外の全員が並びます。ステージ右には住民各層からのパネリスト 5 人の方々です。

内倉浩昭さん	空将補・航空自衛隊新田原基地司令 （パネラー壇上右から2人目）
井﨑美恵子さん	井﨑鉄工所専務取締役・新富町商工会副会長
川上喜義さん	川上電機・新富町若者連絡協議会会長
谷　文雄さん	農業・JA児湯露地野菜部会会長
井上あけみさん	NPO専務理事・ 児童福祉施設ライフカンパニー新富施設長

　パネリストは議員には「いない」層として議会から登壇をお願いしました。それぞれに語っていただいたのは、議会は何をすべきか、議会に何を期待するか、ということ。ガチンコの本音トークですから、「議会だよりを読んでいますか」「見たことはありません」、「議員になってみたいですか」「考えたこともない！」という超辛口に、議員席からはため息も。しかし大事なのは、これから議会が住民とどのような約束をすることとし、条例を作っていくか。決まったことを報告されても面白くない、ということなら、基本条例には決める前の説明・意見聴取を書いていくべき、ということを考えていくのがシンポジウムの目的です。

　基地司令には議員から「基地は町に何をしてほしいのか」と質問。基地司令からは「騒音では確かに迷惑をかけるから、町からは厳しい注文がつくことはわかるが、隊員たちにはもっと優しく接してほしい。」との答え。そう、その二つは分けて考えるようにすれば、隊員の町内居住者が増えるのではと、改めて考えることもできる訳です。

　その後、会場からの質疑も受けて夜7時からのシンポジウムはあっという間に2時間が過ぎまし

議長も首からタオルをさげてイスを並べました

た。企画から開会までわずか1か月。準備もすべて議員だけで行った会は、議会を知らなかった町民に議員の生の姿を通して議会の意義を見せ、お開きになりました。

● ● ● 新富町を紹介します ● ● ●

　新富町は県都・宮崎市の北に接する児湯郡（こゆぐん・現6町）の一つ。昭和の合併で**新**田村と**富**田村とが合併して誕生しています。日向灘に面し、西隣は瓊瓊杵尊が居を構えた西都市に接します。丘陵部には新田原古墳群がある神話の里ですが、並んで最新鋭の航空自衛隊の新田原基地があり、1500人を超える隊員が働いています。

　宮崎空港までは車で30分ほど、日向新富駅から宮崎駅まではJR日豊線で5駅、20分強という地の利に恵まれています。低地には早場米の水田が、畑作と畜産が盛んですが、鳥インフルエンザと口蹄疫に相次いで襲われ、激甚な被害を被った地でもあります。

　早春には樹齢600年の古木、座論梅が香ります。あたりの地名湯之宮は、神武天皇が湯浴みをされた地であることから。

　次いで「平成の花咲か爺さん」こと黒木さん宅には、自宅のお庭を開放しての一面のシバザクラに多くの人々が集まります。町の花ルピナスもこの時期が見頃。

　あんまり知られていませんが、日本のウナギの産地はこのあたり。記事を書いている今はソバの花の季節。そして町内産の新蕎麦が出回る12月には日本一の技量を誇る新田原基地の航空祭に人口の何倍ものファンが押しかけます。

　新富町議会事務局
　電話　0983-33-6139
　メール　gikai-g@town.shintomi.lg.jp

12月 組織編成と議会

　議会における組織編成に関する議論、というものは、これまでほとんど行われてこなかったのではないでしょうか。議会は会議であるとされ、組織としてとらえることはありませんでしたし、首長等の執行機関の内部組織編成については、条例によることが義務付けられている首長の直下の組織を除いては議会の統制にしたがうものではなく、むしろ首長等の「執行権の範疇である」と考えられてきたからです。

　今日、議会の有り様は専門・分科が可能な少数の大定数議会と、専門化が不可能な、しかし大部分を占める小定数議会に二分化されています。首長をはじめとする執行機関の組織の実態もきわめて多様化しています。役所の庁舎には一見、職員がいるようです。しかしそこで働いているのはフルタイムの正規職員とは限りません。

　全国的に見ると「非正規」と呼ばれる臨時・非常勤職員は全職員数の4分の1を超えるまでに増え議会事務局員にも及んでいるようです。

　さらに民間活力の導入と称されて推進されてきた業務委託や人員派遣、指定管理者、市場化テスト、加えて制度外のボランティア等、非公務員による公務の執行がさまざまな形で行われています。議会は、これらの問題をどう考えるべきでしょうか。

　今回は組織編成をどう考えるべきかの視点を提供します。

議会の組織

　議会に組織はあるのでしょうか？　議会には全員が集まる本会議が必ずありますが、地方自治法には委員会など、議員の一部だけで構成される会議や、最近では会議規則に基づく「協議又は調整の場」が規定されています。また、議会内の議員の集まりである会派やテーマを決めた勉強会、議員連盟は多くの議会にありますし、他の議会の議員や議会外の者とも一体となった「○○期成同盟」なども普通でしょう。

　しかし執行機関の内部組織と比較すると、議会にはピラミッド型の指揮命令系統はありません。議長は会議を主宰し、議会を代表することはあっても、首長が職員にするように、他の議員に対し、命令したり指示を出せるわけではありません。これは議長と委員長の間、委員会における委員長と委員の関係でも同じです。議会の組織に関する規定は、事務局に関してしか規定されてはいないのです。

○地方自治法第138条
⑦事務局長及び書記長は議長の命を受け、書記その他の職員は上司の指揮を受けて、議会に関する事務に従事する。

　議会はそれ自身は法人ではありません。法人格はあくまで地方公共団体であり（地方自治法第2条第1項）、議会はその機関の一つです。かつて、議会に附属機関を置くことができるか、という議論がありました。執行機関については内部組織や補助機関、専門委員や附属機関を置くことができる規定が法律上ありますが、議会については事務局を除きそのような規定がないため、附属機関を置くことができない、という解釈もあるでしょう。他方、附属機関を置くことを明示的に禁じている訳ではないので問題はないであろう、という解釈もあります。

なぜそうなのかを調べていくと、どうも地方自治法が作られたときの経緯でそうなってしまったようです。地方自治法は昭和21年に改正された旧制度（府県制、東京都制、市制、町村制）を一本にまとめて作られたのですが、その際、第2編第6章の議会の章だけは、別に検討されていた国会法をもとに作られたのです。

　それには明治憲法制定の際に議院法という法律が作られていたこと、日本国憲法制定が議論されているころ、アメリカではたまたま連邦議会改革に関する法律が議論されており、その成果を取り入れようとされたこと、また、日本国憲法の草案では国会は一院制となっていたため、二院制とするために両院に共通する事項を国会法として定めようとした等々の複合的な要件があったようです。その結果の国会法[※1]に両院共通である委員会に関する規定が入ったため、本来、法令によることなく、議会の自律権に基づき会議規則で書けばよい委員会が、一院制である地方議会でも条例事項とされる変な（？）地方自治法ができてしまった、というわけです。

　国会に関する規定を議院規則ではなく、法律で定めるというのは世界的にも稀なことです。

　法律が議会に附属機関を置いてよろしい、附属機関は条例で設置しなければならないと言わなければ設置できないか。そう狭く考えることの必要もないようです。現在では設置例はありませんが、地方自治法には町村総会という制度[※2]があります。

> 第94条　町村は、条例で、第八十九条の規定にかかわらず、議会を置かず、選挙権を有する者の総会を設けることができる。
> 第95条　前条の規定による町村総会に関しては、町村の議会に関する規定を準用する。

　旧町村制では、町村総会は都道府県知事が設置することとされていま

した。地方自治法でも制定時は町村が議会に代えて町村総会を置く条例には知事の許可が必要でしたが、昭和22年の第一次改正で許可不要となりました。町村総会制度とは、日本国憲法第93条が「議事機関として議会を設置する。」と言っているのに、地方自治法がその例外を設けているというのではありません。

「町村総会は、それ自体が当該町村の議事機関であり、とりもなおさず、憲法に言うところの議会に他ならない」と解されるものです。確かに議員を選挙するよりは「単一な社会構成を有する町村で、選挙権を有するものが、事実上一堂に会して、会議を開き、その団体意思を決定することが可能」[※3]であれば、議会よりも上位互換性を持つとも言えそうです。

地方自治法の考え方は憲法が保障している議会の設置についてすら、議会よりもさらに念を入れ、議会に代えて町村総会を置いても良いのであれば、憲法の規定どおり議会を置いて、そこに附属機関を置き、議会の機能をより効果的に発揮させることは怪しからぬ、と考えるはずがありません。また、国会法は法律ですから、衆議院と参議院の意思の一致は法律が成立する前提として求めていますが、内閣には再議の権限はありませんから、内閣との意思の一致は求めるために法律にする、でもないのです。

国会法に範をとった地方自治法では、議会の組織は議会単独で決め得る会議規則事項なのか。それとも議会と長との意思の一致が必要な条例事項であるのか。平成12年の地方分権一括法で「条例は法律が条例を制定すべきことを規定していないと制定できないのだ」という委任条例論は否定され、自治事務であれ、法定受託事務であれ、条例の制定には法律の委任は必要ないとされましたが、議会の附属機関はどう考えるべきかという議論は進んで来ませんでした。

国会における国立国会図書館等や町村総会制度等とのバランスで考えるならば、議会の附属機関は会議規則で可能である。さらに機関の性格

によっては、条例にすればなお万全である、が結論ではないでしょうか。

執行機関の組織

執行機関の組織については法律上、条例によるべき部分が明示されています。

> ○地方自治法第158条第1項　普通地方公共団体の長は、その権限に属する事務を分掌させるため、必要な内部組織を設けることができる。この場合において、当該普通地方公共団体の長の直近下位の内部組織の設置及びその分掌する事務については、条例で定めるものとする。

長の直下の補助組織とその担当事務を決めることは、条例であることが義務付けられています。条例ということは、とりもなおさず長だけでは決められないこと、つまり議会の意思と長の意思とが一致しなければならないということです。条例で定める職員という制度もあります。長と議長、機関の長に認められている「特別秘書」です。

> ○地方公務員法第3条（一般職に属する地方公務員及び特別職に属する地方公務員）
> 3　特別職は、次に掲げる職とする。
> 　四　地方公共団体の長、議会の議長その他地方公共団体の機関の長の秘書の職で条例で指定するもの

特別秘書は長や議長等が直接任用する職ですが、設置を条例で決めるもので、任用の際には議会の同意等が必要なのではありません。長の場合でも活用事例は多くないようですが、条例を制定することで議長にも

特別職としての秘書を置くことができるということはもっと意識されてもよいでしょう。

執行機関の組織と運営については、地方自治法第2条に原則が書かれています。

> ⑭地方公共団体は、その事務を処理するに当つては、**住民の福祉の増進**に努めるとともに、**最少の経費で最大の効果**を挙げるようにしなければならない。
> ⑮地方公共団体は、**常にその組織及び運営の合理化**に努めるとともに、他の地方公共団体に協力を求めてその**規模の適正化**を図らなければならない。

かつての地方自治法には、行政組織の構成や部局の数等が規定されていたこともありました。現在ではそのような例示や規制はなくなりましたが、議会は常に、地方自治法のいう住民の福祉の増進等の目的に組織編成が適合しているかをチェックしていく責任があります。ところが現在の行政組織は大変複雑になっているため、条例や規則に掲載されている事項だけではほとんど理解できないような状況にあるのです。次項ではそれについて、議会がどう対処すべきか、検討してみましょう。

行政組織に関する議会の統制

地方自治法の上では「長の直下の組織」だけが条例に基づく議会の統制の範囲とされています。この直下の組織を定める条例の提案権は、解釈上、長に専属すると解されます。これは委員会条例が議会側にしか発案権がないことと同じです。長の直下の組織の下位の組織がどのように決められているかはさまざまです。

同じ条例で組織の細部まで定めている例もあれば、条例から切り離し

て規則で定めている例もあります。さらに、規則等を設けず、単に人事異動の発令として何何を担当すべし、としている例もあるようです。また、大規模自治体なら細部まで決めないとならないにしても、小規模自治体なら事務を分担するという考え方自体がなくて、唯一の総務課の職員がすべての事務を担当する、ということだってあるわけです。

　そのような行政組織を議会から見るとき、近年は組織がどのように構成されているかということよりも、そこで誰がどのように働いているのか、ということの方が重要な問題となっているのではないでしょうか。

　古くから行われてきた行政の執行方法の一つに**委託**があります。委託とは、ある事務を行政職員が行わず、契約による経済活動として民間事業者が行うものです。委託にもさまざまなものがあります。古くは自治体の職員がノウハウを持たない、高度な知識や特殊な技術などを必要とする業務について、専門的な事業者に委託することが行われていました。

　建築設計やコンピューターのプログラム作成などが代表的だったでしょうか。また、必ずしも行政職員が行わなくてもよい、と判断される業務にも広範囲に利用されていました。庁舎の清掃や警備を「安上がりに行う」というのがその目的。したがって委託には専門性や経済性など、随分と方向性が異なった業務が混在しています。

　ところが、通常の予算議案などでは、ある事務や事業、そのうちの一業務などが、どのような体制で誰によって担われるか、ということは、どこにも表示されていないのが普通です。議会は行政執行を監視するのが役割の一つですが、そこでは「仕事をする」まではわかっても、職員がするのか、委託先の事業者によって行われるのかは、いちいち調べないとわからないのです。もう一つ、予算上の問題として挙げられることに、同じ仕事をしていても、人件費となるか、物件費となるか、予算科目が異なるということもあるのです。

　職員に対する給与は給与費として予算に計上されますが、職員がして

12月　組織編成と議会　139

いた仕事を委託にすると、委託料が委託先に支払われます。この委託料は、委託業務の実施に必要な金額を細分し、うち、給与費分としていくら、消耗品費としていくらというように、別々に予算に計上されて支払われるのではありません。委託料がいくらになるか、という見積もりをするときには細かく積み上げをしたとしても、実際に契約し、支払いをする段階ではすべて一括した委託料で支払われます。委託料は予算や決算で性質別経費を集計する際に、物件費として扱われます。

　すると、自治体として同じ仕事をしていても、職員による直営から委託に切り替えると、見かけ上、人件費は減少し、物件費が増加する、ということになるのです。

　1980年代から続けられた行政改革では、一貫して公務員の数の減少、給与費等の人件費の節減が目指されてきましたが、その間も行政サービスそのものは増加を続けてきました。つまり、民間企業による委託によるマンパワーの提供が増加する行政サービスを支え、かつ、**正規**公務員の減少をも補ってきたと言えるのです。

　安上がりの行政が良いことか。今日、「公契約」という考え方や「ディーセント・ワーク」ということが言われるようになったこと、また、特に地方部において、地域の賃金水準そのものが低下し、日本全体でデフレが続いたという原因の一つには、公務の委託が安上がりを目指した結果でもある、ということができるのです。議会に提出される議案からは直接、読み取ることが難しいことですが、委託が地域経済や雇用環境に与える影響も、議会の行政監視機能として果たしていかなければならないことではないでしょうか。

　なお、委託先には民間企業のほかに個人やNPOもあれば、自治体間で任意に設立される事務の共同処理組織など、さまざまなものがあります。そのため、予算の歳出を性質別に整理した節でも、委託料（13節）だけであるとは限らず、負担金、補助金、交付金（19節）など、全く別の節で計上されていることもあるようです。

予算だけで決まる委託とは異なり、条例によって事務の担い手が変わるものもあります。一部事務組合が事務を行うこととなると、その事務は自治体の事務ですらなくなってしまいます。必要な経費は通常、負担金として計上されます。この場合、議会は負担金についての議論こそできますが、自らの自治体の事務ではないので、事務のあり方については議会で議論することはできなくなります。

　実施例は非常に少ないのですが、自治体でも「市場化テスト」※4という制度を導入することもできます。市場化テストとは、従来、公権力の行使であるので、公務員でしかなしえないと考えられてきた戸籍謄抄本の交付等の窓口6業務について、公務員によらなくても実施できるよう法律を整備し、「官民競争入札」、「民間競争入札」を行って、公共サービスを効率的かつ質の高いものにしよう、とするものです。

　市場化テストは法律の規定により行うもので、委託の延長線上にありますから、条例制定等を通じて議会が直接監視することが難しいものです。その他、窓口職場や受付業務等を中心に派遣職員の受け入れ等も行われています。

　地方自治法はいまだに行政は正規公務員が行うという前提でいます。しかしこの二十数年間で、行政執行のあり方、担い手は激変しています。議会が行うべき行政監視も、現実の行政執行組織の変遷に合わせて変化させる必要があるのです。誰が行政を行っているのか、ということは、もはや組織や職員・従事者の外見では区別がつかない時代になっています。しかし、そのような変化は、本庁と呼ばれるような部署に所属し、議会に出てくる幹部職員について起こっているのではなく、住民と直接接する第一線の部署で起こっているのが特徴です。

　議会が行政組織について審議し、点検する際は、政策というレベルも大事ですが、住民から見たときにどのように執行されているのか、という点も十分に配慮することが求められる時代なのです。

Q&A コーナー

一般質問の範囲について

　一般質問で扱うことができる範囲はどこまでなのか、というご質問をいただきました。一般質問は法律に書かれていないから、その対象はどのように決められるのか、ということのようです。一般質問に関する規定はなぜ、憲法や法律に書かれていないのでしょうか。それは一般質問というもの、議事機関である議会にとってはあまりにも当たり前のことだから、です。したがって法律を根拠に、「標準的には」とか「判例上は」と答えることができないわけです。

　議会はもともと「男を女にする、女を男にすること以外は何でもできる」、つまり人が決めることが可能なことは何でも決められると言われてきたもの。まちのことを議事する、と集まっている議会で、あれができる、これができないということを考える必要もない訳です。

　これは世間一般の会議、例えば株主総会での質問なら、その会社に関することであれば、これは扱える、これは扱えないという範囲が限定されていることもないでしょう。だから、一般質問に法律上の根拠がないことは、それが議会の主要な機能なのだから、一般質問ができる、何についてできる、ということは書くまでもないから、と解するのが妥当です。憲法や法律にはない一般質問という言葉は、各議会が定めている会議規則の中に専ら定められています。

　次の問は、一般質問に関する会議規則の規定にはどういう意味や効果があるのか？　ということです。例えば、標準（町村）会議規則は次のように定めています。

（一般質問）
第61条　議員は、町（村）の一般事務について、議長の許可を得て、質問することができる。

> 2　質問者は、議長の定めた期間内に、議長にその要旨を文書で通告しなければならない。
> 3　質問の順序は、議長が定める。
> 4　質問の通告をした者が欠席したとき、又は質問の順序に当たっても質問しないとき、若しくは議場に現在しないときは、通告は、その効力を失う。

　第61条の規定は第1項が「質問することができる」と書き始めてはいますが、第4項までを通して読んでみると、質問ができる根拠をここに書いているのではありません。第61条が置かれている「発言」の章の冒頭にある「発言の許可等」の規定も「議員は会議において発言することができる」等と書いているのではなく、いきなり発言は許可制であることから書き始めています。誰も発言できない会議というものはあり得ないので、発言できるということは書く必要はありません。そこで発言の際の手続きから、書いている訳です。

　一般質問についても、会議規則に書かれているのは根拠ではないのです。会議の運営において、一般質問の手続きや取り扱いを定めることは必要なので、そのために第1項があるのだ、ということが読み取れると思います。

　行政法の知識がある方は、「法律の留保」という概念を最初に学習されたのではと思います。行政の執行機関の権限は、法律で授権されなければ、行政自身が勝手に創設できないのが原則です。その法律の留保の内容を決めるのが立法機関つまり議会ではありませんか。議会は執行機関ではなく、その活動により住民の権利を制限したり、自由を制約したりということはないというだけでなく、法律の留保を決める議会が法律に拘束されるのは矛盾であるわけです。

　日本の法学ではまだ「議会法」※5が行政法の一つとして扱われることがあります。他ならぬ地方自治法がそう。しかし地方自治法第2編

第6章の議会関係規定は文字通り典型的な議会法である国会法を参照して制定されています。附属機関を置くことで住民の権利や自由の侵害になる、ということのない議会では、行政法のように、行政機関が国民の権利を侵害しないようにという法律の留保を前提にして、法律の根拠によってはじめて権限や機能が与えられる、と解釈してはならないのでしたね。

　したがって一般質問についても同じ。法律には規定されず、会議規則にしか書かれていない一般質問ですが、それは一般的な質問が許されない会議体はないからです。そう考えると、一般質問の範囲は自ずから「議会の権限の範囲の全部」に及ぶことは明らかです。

注※
1　国会の附属機関は、東京電力福島原子力発電所事故調査委員会法（平成23年法律第112号、平成24年10月30日失効）の例がありますから、法律事項である、と考えるべきでしょう。委員会は衆参両議院の承認を経て両議院の議長が任命する、委員長及び委員9人をもって組織され、委員に意見を述べる参与や事務局の設置が規定されていました。
2　町村総会の制度は旧町村制のものが引き継がれたのですが、スイスで見られるような直接民主制のための制度ではなく、人口はあっても被選挙権を有する者が極端に少ない村で、議員を選挙することができない場合に使われるものでした。もっとも、地方自治法を制定する際、この規定が残ったのは、現に適用されている制度であるからと案に入ったものを見たGHQの担当者が、日本にも直接民主制の伝統があったのかと誤解したからのようです。自治大学校『戦後自治史Ⅴ』199頁。「地方自治法の制定をめぐって（座談会）」39頁、天川晃ほか編『戦後自治史関係資料集第5集』所収、資料番号153。
3　長野士郎『逐条地方自治法』昭和28年初版、240頁
4　競争の導入による公共サービスの改革に関する法律（平成18年法律第51号）。内閣府ホームページ　http://www5.cao.go.jp/koukyo/chihou/chihou.html　参照。
5　大石眞『議会法』平成13年、有斐閣アルマは、わかりやすく、全198頁とハンディながら大変充実した大学生上級向け教科書です。現在、残念ながら出版元では品切れのようですが、まだ流通在庫や古書では出回っているので、今のうちに入手しておくことをお勧めします。

議会紹介 新潟県長岡市議会

全国学会と協働する議会

　執行機関では多用されている専門委員。職員では扱えない問題などのために外部の学識経験者を活用する制度です。

　専門委員は、もとはと言えば、議会に常任委員会が置かれたことで、議会の専門性が高まるため、執行機関もそれにあわせて専門性をと始められた制度でした。議会でも平成18年の地方自治法改正で専門的知見の活用などの制度もできましたが、古くから研修などが行われてきたとおり、外部の学識経験者等の活用は別に制度化されなくても可能です。

　最近では学識経験者等の活用は研修講師の派遣にとどまりません。地域に立地する大学等の研究機関と議会とが政策研究や条例案立案などの共同研究を行ったりすることも珍しくなくなってきました。しかし単独の研究機関とではなく、全国の研究者が集まる学会と協働したのが、長岡市議会です。

学会の研究会でワーキング・ランチ

　平成25年は、日本地方自治学会（会員400名）の研究大会が新潟県で開催されることになっていました。長岡市議会は市とともにその開催に協力。市側は市長や教育長が学会研究会の報告者として登壇しましたが、議会は1人の代表を送るのではなく、正副議長と各クラブ（会派）の代表者が学会員と昼食をとりながら話し合う「ワーキング・ランチ」を開催しました。これまで、単独の研究者や大学等と議会が連携協定を結ぶ例はありましたが、全国単位の学会との協働は初めてのことではないでしょうか。

　長岡市議会の議員定数は現在38名。3次にわたる平成の合併で10市町村を編入する前の市域には200人を超える議員が在籍していました。議員数が5分の1以下となった現在でも議員の活動内容は多様です。ワーキング・ランチの最初は各議員が「なぜ、議員になったのか」を語りました。議員それ

研究者の質問に答える
(写真左から丸山議長、髙野副議長、右まわりに名簿順)

○長岡市議会からの参加者　7名
　議　　長　　　丸山勝総（3期、長岡）
　副 議 長　　　髙野正義（4期、長岡）
　市民クラブ　　丸山広司（2期、長岡）
　しん長岡クラブ　永井亮一（2期、越路）
　日本共産党　　笠井則雄（4期、長岡）
　民成クラブ　　佐藤伸広（2期、川口）
　無所属の会　　大平美惠子（3期、与板）
○日本地方自治学会からの参加者　28名

ぞれにまちまち。そこからまず多様な住民・地域の代表であり、一からげにはできない存在であることが共有されました。

次は現市政に対し、どんな思いを持っているか。それぞれの思いを持っているからこそ政治家として立ったわけですから、思いもまた、さまざま。旧市内の中心部の議員からはかつての賑わいをという声。また、合併で編入された地区の議員からは、規模の拡大でそれまでとは随分と自治の勝手が違うという声。しかしちょうど合併進行中に起きた中越地震では、合併による規模の拡大等が上手にいかされて現在の復興につながっている、というのは特筆すべき点のようです。

議員からの発言のあと、地方自治学会の研究者側から議員に対して質問。普段とは攻守が逆（？）の仕立てですが、ここが政治家としての本領発揮でした。

地方議会の研究者からは「長岡市議会でどんな新しい取り組みをしているのか」という問いが。対する答えは「議会は市民のためによい決定をするところで、新しいとか、変わったことをするところではない」と。同議会では平成

24年3月、議会が新庁舎アオーレ長岡へ移転したことを機に議会活性化特別委員会を設置し、これまで議論や議員研修等を重ねています。しかしこれまでのところ、とりたてて「ここが問題である」という意見が出た訳ではないのです。

まずはランチで打ち解けた雰囲気に
(撮影：長岡市議会事務局　棚橋智仁氏)

奇をてらわず、しっかり話し合う

　平成の合併で11議会が一つになった長岡市議会では、何事も話し合いを尽くすということがすでに伝統になっています。編入合併した地域からは議員を1人も出せなくなった旧村もあります。直接の代表者がいなければ、なおさらその地域のことに気を配る運用をしてきている議会ですから、あくまで新しいこと、変わったことではなく、当たり前のことをきちんとすることの大切さが共有されているのだと言えましょう。

　委員会室での1時間弱の意見交換の後には1階に降りて議場の見学。アオーレ長岡全体の設計は隈研吾氏。施設中央のオープンスペース・ナカドマ（中土間）にガラス張りで面した設計の議場には、200件を超える視察を全国から受け入れているそうです。

長岡市議会を紹介します

　長岡市は新潟県の中央部、中越地方の中心にある特例市。新潟県内に5箇所ある上越新幹線の駅のどちらから数えても3番目が長岡です。人口28万1000人あまり、面積890平方キロ、西は日本海に接し、東は内陸に30キロ余り入った守門岳までが市域です。

　市議会には議会運営委員会、総務・文教福祉・産業市民・建設の4常任委員会と5特別委員会が置かれています。議会運営は現在6ある会派制を基本とし、議長は会派を離脱、かつ委員会にも属さないこととしています。年4回の定例会にあわせ、議会だよりを発行。議会の本会議・委員会はインターネットで生中継と録画中継の両方を実施しています。

　長岡市は長岡城を中心とする城下町だったのですが戊辰戦争と第二次世界大戦とで2回、焼失しています。現在のJR長岡駅はかつての長岡城址内。議会棟のあるアオーレは長岡城二の丸の敷地にあります。火災で焼失してしまった分、市内各地には歴史を記録するための大小の資料館や石碑が点在していますし、毎年8月2日と3日に信濃川河川敷で行われる長岡大花火は、昭和20年の長岡空襲犠牲者慰霊を込めて行われています。

　長岡は米百俵の故事にあるように、教育に力を注ぐことで著名人を輩出させてきた地でもあります。現在の長岡はそこから、市民協働やコンパクト・タウンなど、住民の知恵と働きをさまざまに生かす取り組みがなされています。長岡市議会は派手な、変わったことはしていないけれど、議場を1階のガラス張りの中に置いてみることもするところでもあります。

（連絡先）長岡市議会事務局
　〒940-8501　新潟県長岡市大手通1-4-10
　電話　0258-39-2244
　gikai@city.nagaoka.lg.jp
　http://www.city.nagaoka.niigata.jp/sigikai

1月　予算案審査のために（上）

　正月休みが明けると、執行部では予算案編成が大詰めを迎えています。予算案がどのように審査されるか、自治体により多少事情は異なると思いますが、議会にとってその年の最大行事が予算案審査であることは変わりないでしょう。予算案の議案書と参考資料とを傍らに置いてお読みください。

予算の審査日程

　地方自治法は予算案の会計年度が開始される前の議会への提出・議決を義務付けています。

> （予算の調製及び議決）
> 第211条　普通地方公共団体の長は、毎会計年度予算を調製し、年度開始前に、議会の議決を経なければならない。この場合において、普通地方公共団体の長は、遅くとも年度開始前、都道府県及び第二百五十二条の十九第一項に規定する指定都市にあつては三十日、その他の市及び町村にあつては二十日までに当該予算を議会に提出するようにしなければならない。
> 2　普通地方公共団体の長は、予算を議会に提出するときは、政令

> で定める予算に関する説明書をあわせて提出しなければならない。

　第1項は「提出するようにしなければならない」、第2項は「提出しなければならない」と、やや強弱が異なる書き方をしています。しかし予算は議決の後、年度開始前の準備もあるわけですから、「遅くとも」とあるように十分な審議ができるよう、余裕をもった日程で議会に提出すべきことは当然です。

　議会は、予算議会で十分な審議日程を確保できるようにしましょう。その際、議会の都合だけでなく、出席を求める議事説明員や自治体内の諸団体の行事の日程などにも十分に配慮することが必要です。予算を審議する3月は学校の卒業式等の地域にとって重要な行事が行われる時期でもあります。また、行政実務では年度にかかわらず一日も休むことなく続けなければならない事務もあります。首長部局、各執行機関をはじめ、区域内の公共的団体とも日程調整を行わなければなりません。議会が一旦日程を決めてしまうと、他の団体等が準備を進めてきた行事などの日程を動かさなければならなくなることもあります。議会の側からしても、せっかく議会や議員の活動を住民や地域に対して示すことができる機会を減らしてしまうことは得策ではないでしょう。

　審議日程はどう組むべきでしょう。会期直前に全員協議会を開き、そこで説明を聞いてから日程を決める、という議会もあるようです。確かに予算議案の内容は説明を受けないとわかりませんが、そう形式ばらずに最初から余裕を持たせ、審議が順調に進めば開会しない扱いの方が予定を立てやすいのではと思います。

　予算案の審議は委員会中心主義を採る大規模議会では常任委員会の所管ごとに分割付託することが一般的だと思います。「議案は一体不可分、分割できない」という古い行政実例[※1]もありますが、国会の予算委員会とは異なり、個別具体的な事務事業の内容を審議する地方議会では、

分割付託が現実的な対応であると思います。常任委員会への所属数が自由化された平成18年地方自治法改正以降は、全議員で構成する予算常任委員会を設置し、常任委員会と同じ構成の「予算常任委員会〇〇分科会」を設置する例もあるようです。議会は当初予算だけでなく、補正予算や予算の執行状況も常時審査・監視すべきというのが国会の考え方。それにならえば中小規模議会でも、予算・決算を所管する常任委員会を行政機構縦割りの委員会と委員を兼務する形で設常することが望ましいでしょう。

　予算案を委員会（分科会）に分割付託していくつかの委員会で並行して審査する場合は特に、足並みを揃えるための予備日を途中に何回か挟んでおくことが必要です。また、歳入歳出予算総額等、予算総則部分が付託されている委員会が先に終了してしまうと、他の委員会の付託部分で予算案を修正できなくなってしまうことも注意が必要です。

　さて、法律に基づく通年の会期制（地方自治法第102条の2）を採っている議会では、定期的に本会議を開く日を条例で定めることとされています。一年を通して常に議会に活動能力があるというのが通年の会期制ですから、**定期的に**本会議を開く定例日以外の条例にない日に本会議を開いてはならない、と解釈する余地はありません。審査の必要があれば、会期制とその運用である任意の通年議会同様、定例日以外に随時の本会議を開くことは議長の開議通知により可能です。

　通年の会期制の導入例はまだ少ないのですが、あらかじめ条例で本会議の定例日を決める理由が会議日に予見可能性を持たせることから、想定される最大の会議日を定例日として規定しておき、審議が順調などで会議の開催の必要がないと判断される場合は「その日は開議しない」という方法を採るのがよいのではと思います。他方、想定していたよりもなお審議日程を要するのであれば、審議の都合として定例日以外に本会議を開くことをその都度、議長発議の動議により決定することでよいでしょう。審議の都合上何日にも会議を開きたいがと、異議の有無を諮る

会議時間延長の取り扱いと同様です。

予算案審査の順序

　一般質問と並ぶ議会の華が予算案審査ですが、その扱いは議会によってさまざまです。いずれも長い積み重ねで決まってきた慣行によっていると思いますから「こうでなければならない」という決まりはありません。以下、各地の議会の実態の聞き取りをした上で「だいたい標準的ではないか」と思われるところを書いておきます。一旦、ご自身の所属される議会ではどのような順序で予算案を審査しているかのメモ書きをつくり、それと比較してお読みいただければと思います。また、他の議会が予算案をどのように審査しているのかは、会議録からではわからない部分もあります。休会日等を利用して近隣の議会の傍聴をすると、参考になることも多いものです。

- **内容の詳細な説明**

　予算の審査のための説明には、「どのような考えの下に予算を編成したか」という政策面の説明と、「予算案の中にどのような施策が入り、入らなかったものはこれである」という施策面での説明があります。すべて明確に二分される訳ではありませんが、前者は首長により説明されるのが通例だと思います。本稿では便宜的に政策面の説明を「提案理由の説明」と呼び、施策面の説明を「詳細説明」と呼ぶこととします。

- **提案理由の説明**

　3月（2月）議会の開会冒頭で首長から提案理由の説明を受けている場合と、他の定例会と同様、先に一般質問等を行ってから提案理由の説明を受けている場合とがあるようです。提案理由の説明では予算議案をなぜ提出するのかという狭い必要性にとどまらず、目下の自治体の置かれている状況や首長の政治的姿勢についての所見等が広範に述べられることでしょう。予算議会における提案理由の説明は通常国会の開会直後

に行われる政府四演説に相当します。国会では政府四演説に対して各会派の代表者が質疑を行う（代

内閣総理大臣	所信表明・施政方針演説
外務大臣	外交演説
財務大臣	財政演説
経済財政政策担当大臣	経済演説

表質疑）のが例です。地方議会でも同様に予算の個別具体的な内容に入る前に、これら政策面の議論を質疑の形で行うことが望ましいと思います。

　充実した質疑を行うためには、提案理由の説明について、議会側も十分に検討することが必要です。会期の短い地方議会で説明を受けた後に相当期間の休会日を設けるのはあまり現実的ではありませんから、首長は提案理由の説明の原稿を早期に作成し、議会に「内示」しておくことが良いのではないでしょうか。

・**詳細説明**

　議案である予算書の内容をいくら精査しても、どんな事業がどこで行われるのかはわかりません。そこで予算の議決事項である款・項よりもひとつ下の目(もく)程度を単位にその目ではどのような事業が行われるか、事業費よりも事業内容・事業量を中心とした説明が書かれた「事項別明細書」等を使用して説明が行われるのが普通です。

　予算の膨大な項目を全部説明するとなると、やはり相当の時間が必須です。それでも詳細説明は全議員にすべきと考える場合は、本会議での首長からの提案理由の説明に先立ち、別途全員協議会を開会して詳細説明だけを行っていることもあるようです。小規模議会では本会議で提案理由の説明に続けて詳細説明を行っている例もあります。この詳細説明は予算の款項順ではなく、執行機関の部課単位にまとめ、各所属長が交替で説明することが多いようです。

　詳しい説明を聴取するのは良いことですが、注意点もあります。地方自治法施行規則で様式が指定されている予算案議案や事項別明細書は、その記載方法に工夫の余地がないため仕方がないとしても、そもそも説

明されないとわからないのが予算書であるは妥当なのでしょうか？　いちいち説明を受けなくてもわかるような資料を作成することの方が住民にとっても後日の政策的な検証のためにも必要なことであるように思います。

　文書作成がコンピューター化された今日、口頭説明のための原稿も電子文書になっていることと思います。そうであれば説明の資料そのものを、議案に添付して議会や住民と共有することも必要です。かつて、速記を反訳しているころは、反訳量を減らすために説明部分を省略し、会議録には質疑からしか掲載していない例が多かったように思います。今でも詳細説明は本会議を便宜的に休憩として行っている例もあるようです。審査は議案の疑義を質す質疑が中心です。わからない点を扱う訳ですから、予算案に対する良い説明がされると質疑は少なくなります。だから予算案で何が大事なのかをしっかりと把握するためには、詳細説明部分もきちんと会議録に掲載し、また、会議録とともに保存する議案の中にも議案を補足する説明資料も入れておくことが必要です。

　もうひとつ、よく問題視されるのが、説明を聞く全員協議会で実質的な質疑を終わらせてしまい、本会議では質疑なしとしてしまう慣習です。もし、本会議での質疑は制約が多くて、ということであればそれは本末転倒ですから、本会議の運用方法を質疑しやすい形に改めましょう。

予算案審査の目的

　何のために予算案を審査するのでしょうか。会議録を読み込んでみると、一見自明のような予算案審査の目的は、一度きちんと議論すべきことのように思います。

　執行機関で予算編成を行う際、財政担当者が行う「予算査定」は、まず、予算要求された事務や事業の内容の精査から始まります。ところが

予算査定の結果である予算議案には金額だけしか書いてありません。したがって議案だけを見てもどこで、どんな事業を行うのかということは全くわからないのです。そこで、議会で審査が始まると、予算によって行う事務や事業の内容はどうなっているのかということが議論の中心となっている議会もあるようです。もっともなことですが、しかし議会の役割という点から考えると、既に決まっている事務や事業の内容を質疑に対する答弁として引き出す、ということでは充分でないように思います。貴重な審査時間は「この予算で何をするのか」を聞くことよりは、「その事業の目的や効果はどうなのか」等を聞くべきではないでしょうか。簡単な方法としては、財政担当者から最終的には首長までの間で行われたヒアリング※2の過程を検証することだと思います。

　予算の説明資料はどの自治体でも非常に保守的につくられます。有り体に申せば、質疑を喜ぶ議事説明員はいません。そこで昨年度の議会では、この説明資料で通ったというものがあれば、それがそのまま踏襲されていることが多いのです。しかしそのような対応が長く続くと、現在ではあまり重要ではなくなった事務の説明は行われているが、他方で最近の新しい事務についての説明はほとんどない、というようなこともあり得ますし、あまり知られてしまっては困る（？）という問題については極力説明等を避けることにもなってしまうでしょう。予算案、つまり自治体が行う事務や事業が前年度と同じであるという時代ではありません。残念ながらたいていは右肩下がりではありますが、その中でも重点的に取り組まなければならないことは常に変化している筈です。

　議会は少し発想を改めて、去年と同じ資料が出てきたらむしろその間の進歩や変化はどうだったのか、という点を質していくべきだと思います。

　予算に関する説明書（地方自治法第122条。様式は同施行規則第15条の2）である歳入歳出予算事項別明細書では、予算は前年度の当初予算と比較しての増減が表示されています。予算を審査している当該年度

のうちに起こった補正予算は表示されていないのです。事項別明細書を読み込む際には、補正予算の際にどのような説明がなされてきたか、年度途中での変化にどのように対応してきたのかを振り返ってみることが必要でしょう。

まず、予算総則を見る

　予算案とは何でしょうか。会計年度内における収入（＝歳入）を見積もり、支出（＝歳出）積算したものが予算です。予算議案では最初の頁にはまず総則があり、歳入歳出の合計が表示された上で、その根拠や内訳の表1〜5で構成されています。

　総則部分は予算案審査で決して形骸化させてはいけない内容です。

○地方自治法施行規則（昭和22年内務省令第29号）別記
　予算の調製の様式（第14条関係）
　何年度（普通地方公共団体名）一般会計予算
　　何年度（普通地方公共団体名）の一般会計の予算は、次に定めるところによる。
（歳入歳出予算）
第1条　歳入歳出予算の総額は、歳入歳出それぞれ何千円と定める。
2　歳入歳出予算の款項の区分及び当該区分ごとの金額は、「**第1表　歳入歳出予算**」による。
（継続費）
第2条　地方自治法（昭和22年法律第67号）第212条第1項の規定による継続費の経費の総額及び年割額は、「**第2表　継続費**」による。
（繰越明許費）
第3条　地方自治法第213条第1項の規定により翌年度に繰り越し

て使用することができる経費は、「第3表　繰越明許費」による。
（債務負担行為）
第4条　地方自治法第214条の規定により債務を負担することができる事項、期間及び限度額は、「第4表　債務負担行為」による。
（地方債）
第5条　地方自治法第230条第1項の規定により起こすことができる地方債の起債の目的、限度額、起債の方法、利率及び償還の方法は、「第5表　地方債」による。
（一時借入金）
第6条　地方自治法第235条の3第2項の規定による一時借入金の借入れの最高額は、何千円と定める。
（歳出予算の流用）
第7条　地方自治法第220条第2項ただし書の規定により歳出予算の各項の経費の金額を流用することができる場合は、次のとおりと定める。
　(1)各項に計上した給料、職員手当及び共済費（賃金に係る共済費を除く。）に係る予算額に過不足を生じた場合における同一款内でのこれらの経費の各項の間の流用
　(2)何々
　　　　何年何月何日提出
　　　　　〔何都（道府県）知事〕〔何都（道府県）何市（町村）長〕
　備考（略）

　日本では予算は条例とは別のものと扱われていますが、この条文を見ていただければ、予算も形式は通常の条例と変わらないことがわかります。外国では「歳入法案」「歳出法案」という言葉があるように、予算を法律や条例の一つとして扱っている例もあります。一年度限りの法律が予算なのです。明治憲法制定時、政府の権限を強めるために予算や決

算は法案とは別扱いにしたかった、という意向が予算案は法案ではない、決算は修正できないという慣例へと結びついていったようです。

　予算の大部分の内容は第1表から第5表に譲られているわけですが、第6条の一時借入金と第7条の款内での流用については、総則にしか出てきません。特に一時借入金は最高限度額だけが定められているだけで、第5条の地方債のように目的や利率等は予算のどこにも書かれていません。第1表の中には利子の合計金額だけが歳出予算12款　公債費、1項　公債費、2目　利子、23節の償還金、利子及び割引料に計上されています。借り入れた資金や元金の償還は予算・決算上には表示されず、利子だけが計上されるのです。

　一時借入金の利子は金額としては小さいのであまり目立ちません。しかし利子だけで何千万円も払っていたら、いったいいくら借りているのか、という重大な財政規律上の問題が見過ごされてしまう可能性もあります。歳出決算の事項別明細書で上記公債費の項目を点検するとともに、決算カードの「性質別歳出の状況」の区分「公債費」の内訳「一時借入金利子」がゼロでない場合は、どんな時期にいくら借り入れているのかを質疑で確認するようにしましょう。一時借入金は、たとえば月末に残高がなければ例月出納検査等でも引っかかってこないもの。かつての夕張市で行われたような一時借入金制度を乱用している例はないものと思いますが、工夫すれば減らし、そしてなくすことができるものが一時借入金です。このような調査を行わないと、予算上最高限度だけが表示されていて、それを何度も利用するような使途で使われている場合には実質的なチェックができないことになってしまいます。

　第7条は流用です。総額を変えないが使途の配分先を変えるのが流用です。流用という言葉は世間ではあまり芳しくない意味で使われることもありますが、根拠となっている地方自治法第220条第2項ただし書きには、もちろん悪い意味はありません。

> 2　歳出予算の経費の金額は、各款の間又は各項の間において相互にこれを流用することができない。ただし、**歳出予算の各項の経費の金額は、予算の執行上必要がある場合に限り、予算の定めるところにより、これを流用することができる。**

　第2項の本文では議決項目である款・項の間での流用を禁じています。議決項目間で流用できてしまえば議決の意味がなくなるから当然のことで、款・項の間での金額を変更したいときには、既決予算を補正する補正予算の調製と議決が必要です。第2項のただし書きを受けた第7条では職員の給料とそれに付随する手当等については款の中で流用ができるように特に定めています。

　この流用は特に小規模な自治体では比較的頻繁に行われる可能性があると思います。一般職の職員の給与は、その職員が従事している事務に関連した予算に計上されています。予算の第1表中、歳出予算の部には一般職職員の給与を計上すべき目が※印で指定されています（歳出予算の備考2〜4）。第2款　総務費のように多くの部課の事務にまたがる款では、※印は第1項　総務管理費の第1目　一般管理費、第2項　徴税費の第1目　税務総務費等、都道府県では9、市町村では6ある目のそれぞれで計上することとされています。給与費の予算を計上する際には、現在配置されている職員に支給している給与費をもとに積算する筈ですが、職員給は年功で高低が決まっていますから、人事異動があるとそれによって同じ人数で事務を執行していても、給与費の所要額は異なってきます。また、選挙や直接請求等、一時的な事務を多くの職員で応援する場合などでは多額の時間外勤務手当等が必要となることがありますが、そのような勤務実績に基づく手当は翌月には支給しなければならないため、補正予算が間に合わないということもあり得ます。ただし書きによる流用はそのような場合に行われているようです。

予算の種類

予算は対象とする会計ごとに調製されますが、地方自治法では予算そのものにも種類があります。

> （総計予算主義の原則）
> 第210条　一会計年度における一切の収入及び支出は、すべてこれを歳入歳出予算に編入しなければならない。
> （補正予算、暫定予算等）
> 第218条　普通地方公共団体の長は、予算の調製後に生じた事由に基づいて、既定の予算に追加その他の変更を加える必要が生じたときは、補正予算を調製し、これを議会に提出することができる。
> 2　普通地方公共団体の長は、必要に応じて、一会計年度のうちの一定期間に係る暫定予算を調製し、これを議会に提出することができる。

大原則は**当初予算**にすべての収入支出を盛り込む**総計予算主義**です。これに対し、**骨格予算**があります。予算編成後に首長選挙が行われる場合等のため、改選前の首長が予算案中に政策的経費を盛り込むのを避け、義務的経費のみを計上する場合の通称です。

当初予算には考えられる歳入歳出をすべて盛り込むべきですが、その後の事情の変化があれば、対応する必要が生じます。災害や感染症という緊急事態だけでなく、経済対策等でも当然のことですね。よく見られるのは交付について協議中だった補助金の内定が得られたため、補助事業を追加する、というような事例でしょう。そのために**補正予算**制度があります。

補正予算は定例会方式を採っている議会では、会期のたびに提案され

ているのではないでしょうか。6月下旬に通常国会が閉会した後、国庫補助事業等を追加する、年度途中の事業の進捗状況を勘案して12月議会や3月議会で事業間のやりとりをしていると思います。一方、通年議会・通年の会期制を採っている議会では、補正理由が発生するたびに柔軟に審査を行い、予算の早期執行等の効果を生んでいます。

　補正予算は条例の改正案と同様、「何々を何々と改め」「何千円とあるのを何千円とし」というように作られます。（予算の修正案を作成するときも同じ要領です。）予算が補正されると条例等と同様、もともとの予算に溶け込んでしまいますから補正前はどうだったのかをきちんと確認しておかないと、当初予算と、最終補正後に調製する決算との関係がわからなくなってしまいます。補正予算をどう審査するかは決算の審査や新年度の財源を確認するためにも重要ですので、別途、3月で取り上げることとします。

　当初予算案は年度開始前に議決されるべきですが、それが間に合わないときもあります。その際に調製されるのが**暫定予算**です。暫定予算は超骨格予算とも呼ぶべき予算で、当初予算案のうち、日切れのまま待つことができず、義務的に支出しなくてはならないものだけを計上する予算です。暫定予算は本来の当初予算が成立すると、その中に吸収されて消滅します。暫定予算を調製せざるを得なくなる場合のほとんどは、議会と首長との対立です。議会は予算案を否決するのではなく、対立点を明確にし、堂々と予算案を修正することで調整を図るべきだと思います。

注※
1　分割付託はどちらかというと、議会側の都合ではなく、審査を受ける首長側の都合です。国会の場合は予算委員会で全閣僚が出席するのは最初と最後に設定される総括質疑にほぼ限られ、その途中では実質的に入れ替え制の部局別審査です。
　地方議会では予算案の提出が遅いため、部局別に複数の委員会で同時並行して審査し、短期間に行うために分割付託となっているのです。分割付託を避けるならば、審査時間を十分に確保するため、国と同様、1月に予算案を提案すればよ

いのです。
2　行政で行われる定例的な意思決定は、会議で行われるものは少なく、「決裁書」と呼ばれる文書を作成し（起案）、決裁書を順次下級の職から上級の職に向かって回覧、承認していくことで決定する回議又は稟議と呼ばれる方法が一般的です。一方、予算案や条例案等の重要な意思決定の際には、ヒアリングと呼ばれる方法が採られます。ヒアリングは下級の職の職員がその上司である上級の職員に予算等の資料を提示・説明し、承認を受けられるまで修正を行い、承認した上司は、こんどはさらにその上司に対して承認を受けられるまで修正することを繰り返す方法です。

　予算案はまず、事業を行う部課（原課）で見積もりと説明資料が作られます。原部課トップまでのヒアリングが終わると予算要求書として財政担当部課に提出されます。今度は財政担当者による原課に対するヒアリングがあり、この作業が財政担当部会でも繰り返されていき、予算の原案が作成されます。部課のトップ間の復活折衝等を経て、最終的に正副首長による「知事査定」等で案として決定されます。ヒアリングの過程では質問に答えるため、多数の説明資料が作成されます。

議会紹介　宮崎県西都市議会

成人式でアンケート

　若者が選挙に関心を持つには？
　若年者層の投票率が低いことが問題視されています。これは地方選挙であれ、国政選挙であれ、どこでも同じ傾向のようです。
　では、どうすればよいか。選挙の啓発団体や最近では若者自身の団体も「投票に行こう」をさまざまな方法で呼びかけているのですが、これといった決め手は、まだ見つかっていないようです。
　世論調査の結果などを見ると、若者が投票に行かないのは、特定の候補者等に対する投票をする動機・働きかけが少ないから、というあたりが真実のようです。
　「なぜ投票に行きましたか」を年代別に聞くと、年代が上がるとともに増えるのは「職場や知人などから投票を依頼された」という世間のしがらみが理由。若者たちが投票に行かないということは、年長者よりもしがらみが少ないからということなら、むしろ純粋な若者たちを叱るべきではありません。だからいきなり「投票に行く」を呼びかけるのでは効果が薄いのです。

住んでいるまちのことに関心をもってもらう
↓
どんな政策が行われているのか知る
↓
政策がどのように決められているのかに関心を持つ
↓
政策を決めている議会の重要さを知る
↓
議員を選ぶ選挙の大事さに気付き、投票に行く

これ一つずつ進んでいかないと、たとえ投票所に足を運んだとしても、誰に投票していいのか、わからないではありませんか。

若者がまちに関心を持つために議会は

議会が若者の中に飛び込んでいった例をご紹介します。

宮崎県西都市議会（井上司議長、議員定数18人）の議員選挙の投票率は、昭和末期には90％台を誇っていました。しかしその後は少しずつ低下し、直近の平成22年では72％となっています。選挙の投票率低下は全国どこでも同じ現象ではありますが、議会としても手をこまねいている訳ではありません。

西都市議会ではこれまでも議場を開放して中学生が議員となって執行部に質疑を行う「子ども議会」を行ってきましたが、平成25年1月5日の成人式では、議員が成人式の会場に赴き、新成人に直接、まちづくりや議会について訊ねる「新成人アンケート調査」を会場前で実施しました。ねら

成人式会場　西都市民会館に集合

アンケート記入中

いはまちづくりへの関心を高める、という啓発よりも、むしろ議会が若者たちの意見をしっかり聴く姿勢をみせること、そして働く議員の姿を若者たちにアピールすることです。

アンケートの結果

　成人式に出席した272人のうち、56.3％の153人が回答。質問は5項目。各項目で最多だった回答は次のとおりでした。

政治に関心がありますか	少しは興味がある 43.1％
将来議員等になってみたいと思いますか	なりたいとは思わない 72.5％
議員になるとしたら月額報酬はいくらほしいですか	30～40万円　28.8％
将来も西都市に住んでいたいですか	ずっと住んでいたい 38.6％
若い人が西都市に住んでもらうためには、どうしたらよいと思いますか	若い人が楽しめる施設や環境を整備する　45.3％

※結果の詳細は、さいと市議会だより第72号（西都市議会HP　http://www.city.saito.miyazaki.jp/contents/gikai/tayori/gikai072.pdfcから閲覧可能）に掲載。

　若い時は市外に住み、いずれ西都市に戻りたい、が35.9％、退職後は西都市に戻りたい、が19.0％の計55.9％は、進学や就職で西都市を離れている若者が帰ってきている成人式でしか聞けない意見です。全回答者のうち、住みたくないは僅か5.2％です。議会は「住みたい」と考えつつ、しかし仕事等は市外に求めざるを得ない若者にどのように向かっていくのかを宿題として受け取りました。議会だよりではこの結果のまとめを「十分協議・検討して、施策に反映できるよう議会としての提言を積極的に行っていきたいと思います。」と結んでいます。

　今は（一時的に）住民ではない者からの意見は、選挙や日常の政治活動ではなかなかまとまって聞くことはできないでしょう。ずっと住んでいたい・いずれまた戻ってきたいを合わせて93.5％は何ともうらやましい数字です。

議会はこのように広く意見を聴き、「将来の住民」の意見をも市政に反映させていく責任もあるのです。

●●● 西都市・議会を紹介します ●●●

西都市は宮崎県のほぼ中央に位置します。宮崎空港から北へ高速道路経由で50分ほど。内陸の台地に現在は風土記の丘として整備されている日本最大の古墳集積地帯「西都原古墳群（さいとばる）」がある歴史の町です。現在の人口は3万1000人あまり。市制施行は昭和33年、現在の市域は昭和37年の編入合併によります。温暖な気候を利用した農業・畜産業が盛んで、ピーマンの生産は全国一です。

議会は年4回の定例会方式。開会日に議案を上程し、まず一般質問を行った後に議案の質疑、委員会付託を行います。常任委員会は定数6人ずつ三つ、執行部の課単位に所管を定めています。議案は委員会審査後、会期最終日の本会議で委員長報告の後、討論・採決を行う運用です。

定数6人の議会運営委員会が置かれています。議会だよりは概ね定例会ごとに発行。議会報編集委員会と議会提要小委員会が地方自治法第100条第12項の協議又は調整の場として会議規則に規定されています。

【連絡先】西都市議会事務局
〒881-8501　宮崎県西都市聖陵町2丁目1番地
電話　0983-43-1323
gikai@saito-city.jp
http://www.city.saito.miyazaki.jp/

2月 予算案審査のために（下）

　1月の章では予算案審査について、全体的な流れや法令の規定を説明しました。今回は予算案審査の手法を概説します。

　各議会によって取り扱い方はさまざまの筈です。現状と比較しながら「それ、いただき！」というところを取り入れていただければと思います。

新人議員の予算勉強法

　議員に立つ以上、大きな政策については自らの思いや志があると思いますが、予算の細目についてよく承知しているということは、まずないのでは。かつてはそれがわかるまでは先輩のしていることを黙って聞いていろと言われたものですが、今やそんな時代ではありません。では、新人議員はどんなことを勉強して予算案審査に臨むべきでしょうか。

　予算でもお勧めしたいのは、これまでの本会議・委員会の会議録を読み込むことです。

　先輩議員が予算案に対してどのような質疑を行い、意見を述べてきたか。これを前任期の4年間分メモを取りながら読むだけで、その議会における予算案審査のコツはのみこめます。議会だよりなどに質疑内容の要約が出ていればそれを議員ごとに分けてスクラップをつくると、どの議員がどんな項目についてよく質疑をしているのかも一目瞭然となりま

す。このスクラップができれば、自分の政見と近い議員は誰か、また、関心領域が重なる議員・重ならない議員もわかるでしょう。決算について同じ作業をすると、より具体的な事業の内容も理解できます。

　議会の規模や運営にもよりますが、やはり先輩は立てておくもの。何かあったときに、自分の意見に協調してくれる人がいなければ議会というところは一人では何もできないのです。全議員の権利は同じという議会内民主主義は大事なルールですが、多数派にならなければ自分の意見も通せません。まずはギブ・ギブ・アンド・テークだと思いましょう。

　予算案の質疑にも、いろいろなやり方があり、また、議会によりさまざまです。

　一番簡単と言えるのは事実を聞く質疑です。「私の出身地区から要望したあの事業は予算化されたのか」というようなことが代表的ですが、あまり感心しません。「いや、しませんでした」と答弁されても困りますし、だめな理由を理路整然と述べられたらさらに困るでしょう。なれ合いになってはいけませんが、事実関係や数字を聞く質疑は、できれば事前に担当課を訪ね、確認した上で肝心な内容に関する問題を議論できるようにした方がよいと思います。

　行政は確かに議会の監視の対象ですが、今日の議会にはそれだけでなく、評価により方向づけをしていく役割が期待されています[※1]。執行機関の職員も議員と同様、どうすればまちが良くなるのかを考えていることに変わりありません。議員の中だけでなく、職員の間にもファンを作らなければ、議員一人だけの思いだけでは施策化され、実施されるということは難しいのです。有権者同様、職員の間に共感者が広がっていけば、また種々の情報も自然と入ってくるようになるのです。

　さらに勉強を進めるためには、他の議会の議員と互いに研鑽しあうことが大事です。何か疑問に思ったことがあれば、視察先で知り合った議員などに「そちらではどうしてる？」と連絡をとってみましょう。もちろんこれも、「こっちではこうなっているけど」というギブがなければ

いけません。面倒見が悪い議員というのはまず、いないものです。今ではホームページやブログなどを開設している議員も多いですから、得意そうな人に質問してみるという方法もありかもしれません。

　政党に所属している議員は、政党の都道府県連や党本部、選挙区選出の国会議員の事務所に照会することも可能です。国会議員は良質の情報を持っていますし、国会図書館や両院の法制局、委員会の調査室等充実した立法補佐組織による支援を受けています。場合によっては所属自治体の執行機関が持っていない情報を関係官庁から入手ができる場合もあります。他の議会の議員の間にも積極的に仲間をつくることをお勧めします。

　そして最後に議会事務局です。事務局員は議員の身内です。人数は少ないですが、執行機関でも勉強家と折り紙が付けられた評判のよい職員が配置されている筈です。思い込みで動く前に、事務局には何でも相談してみましょう。単独の事務局内で解決できないことは、他の自治体や、郡域や県域、全国の議長会等にも照会してくれるでしょう。その議会での慣行を知るにも議会事務局は最適任です。

編成方針

　3月の予算議会になってからではなく、前年の9月議会で行ってほしいのが、予算編成にあたって、どのような方針で臨むのかという長の予算の編成方針に先立つ議論。「編成方針」はその自治体により、さまざまな名前で呼ばれているのではと思います。

　予算案は長期間の検討を経て調製されます。国の予算では8月の旧盆のころ、財務省が各省庁からの概算要求を受け付け、4か月かけて年末に予算案が閣議決定されます。自治体の場合はそれがもう少し遅くなり、9月〜11月の間で編成方針が示され、それを読み込んだ上で各部課から予算要求が行われます。

どの自治体でも義務的経費が硬直化し、そのときに政策によって選択・変更可能な経費というものがそう多くあるわけではありません。だからこれから編成される予算に議会側の考えを入れようとするならば、まず９月議会までには議会の意思を示しておかないと間に合わないのです。

　では、編成方針ができるまでに、どのように議会側の考え方を示すべきでしょうか。いろいろなやり方があると思います。公式のチャンネルとしては議会での発言を通じて、ということになりそうですが、一人の議員の発言で、それを取り上げるべきだと「要望」するのは、議員と長の本来の関係からはおかしなことでしょう。また、会議での発言ではなく、議員や会派から、長に対して「予算要望」という形で文書を提出することも行われていると思います。

　６月議会や９月議会で「来年度の予算編成方針は如何か」という論戦を挑むことはあまりないのかもしれません。確かに現年度の予算に基づく事業自体、始まったかどうかという段階でしょう。しかも現年度の予算の執行は長の執行権に属するのだから、議会の審議対象ではない、などと言われる状態です。同じ話が株式会社で言われたら大騒ぎになると思うのですが、一番肝心な「執行中」に関する統制が制度的に行われないのが、日本の行政と議会の関係です。これで良い訳がありません。国会では常任委員会として予算委員会が置かれ、この執行統制を行っています。

○衆議院規則

第92条　各常任委員会の委員の員数及びその所管は、次のとおりとする。ただし、議院の議決によりその員数を増減し、又はその所管を変更することができる。

　一　内閣委員会　四十人

　　１　内閣の所管に属する事項（安全保障会議の所管に属する事

　　　　項を除く。）
　　2　宮内庁の所管に属する事項
　　3　公安委員会の所管に属する事項
　　4　他の常任委員会の所管に属さない内閣府の所管に属する事項
　二　総務委員会　四十人
　　1　総務省の所管に属する事項（経済産業委員会及び環境委員会の所管に属する事項を除く。）
　　2　地方公共団体に関する事項
　　3　人事院の所管に属する事項
　（中略）
十四　予算委員会　五十人
　　1　予算
十五　決算行政監視委員会　四十人
　　1　決算
　　2　予備費支出の承諾に関する事項
　　3　決算調整資金からの歳入への組入れの承諾に関する事項
　　4　国庫債務負担行為総調書
　　5　国有財産増減及び現在額総計算書並びに無償貸付状況総計算書
　　6　その他会計検査院の所管に属する事項
　　7　会計検査院が行う検査の結果並びに総務省が行う評価及び監視並びに総務省が評価及び監視に関連して行う調査の結果についての調査に関する事項
　　8　行政に関する国民からの苦情の処理に関する事項
　　9　1から8までに掲げる事項に係る行政監視及びこれに基づく勧告に関する事項

所管事項の範囲はできるだけ簡単に書いた方が広くなります。他の委員会と比較して、予算委員会の所管事項の書きぶりが特別だということがおわかりいただけると思います。国会の予算委員会のあり様は地方議会とだいぶ異なっています。最大の違いは単一の委員会として予算案の付託を受けるということ。国会では予算も予算以外も、議案を分割付託することがありません。したがって自治省→総務省も、地方議会が予算案を行政機構に対応した所管別委員会に分割付託することはできない、と解釈してきました。

　平成18年の地方自治法改正で、議員が常任委員会に所属できる数が自由化されましたが、その理由は予算・決算を常任委員会化し、それと所管別常任委員会とを兼務したらどうか、ということでした。国会の予算・決算委員会の所管事項は、ずばり「予算」「決算」。議案の形で提案されようとされまいと、予算・決算に関することはすべて所管事項である、という訳です。

　議会が執行段階での統制を強化することは、いま、大きく問題視されている監査機能の強化[※2]という点で積極的に取り組むべきと思います。

予算総額

　自治体の会計には一般会計のほか、特別会計や企業会計が設置されています。複数の会計がある場合、それぞれの間でのやり取りがあります。一般会計から特別会計や企業会計へ補助金を出していたり、特別会計であがった収益を一般会計へと繰り出したりがその例。

　したがっていくつかの会計を単純に合計すると実際の総額（純計）よりもだいぶ増えてしまいます。やり取りを増やせば総額を増やすことも簡単にできます。景気対策やイメージづくりとして使われることもありましょうが、総額の増えた、減ったはあまり意味のないこともありますから、総額は純計がどうなのかをまず検討しましょう。

- **事務の執行体制と予算総額**

　複数の自治体が共同で設置する一部事務組合や広域連合はもちろん独立した別予算です。一部事務組合等が設立されるとそれまで構成団体の自治体で担っていた仕事は残ることなく、一切が一部事務組合等の仕事となります。構成団体としての自治体側の予算の中にあるものは一部事務組合が財源とするために交付する負担金や分担金です。

　予算には一部事務組合等の予算総額の何％という割り当て分が計上されていますが、その負担金や分担金を何に使うかは一部事務組合等の議会に提出される議案を見ないとわかりません。つまり負担金の金額の是非は所属する自治体の予算案だけを見てもわからない[※3]のです。

　なお、一部事務組合の経費分賦に関する異議は、違法又は錯誤の場合に限り、構成団体として＝議会ではなく自治体として＝一部事務組合の管理者に申し出できることとされています。

　行政が直営で事業を行う場合と、同じ仕事を区域内の団体等が行う場合とで金額が変わることがあります。たとえば企業の経営支援のために自治体が直接貸し付けを行えば、元金・利息とも予算に計上されますから、大きく膨らみます。しかし実際に（最終）支出する金額は、歳出に計上されている貸付金と歳入に計上されている償還金との差し引き分のみ。これを金融機関に対する補助金や借り主に対する利子補給金とすれば、予算規模は元金の出入り分がなくなって小さくなりますが、事業の実質的な内容や効果はあまり変わらない訳です。

- **執行を前提としない予算**

　自治体ではあまり聞きませんが、国の歳出予算で「調整費」という扱いをすることもあります。予算の総額の増減は政治的・心理的な影響が大きいものです。その変動幅を小さくするために、例えばあまり獲得が期待できない補助金を財源に、もし補助金が受けられたらやろう、という事業費を組んでおくようなことです。執行されないことが前提となる歳出予算とでも言うべきでしょうか。

調整費では、**予定どおり補助金等が受けられなかったら歳入・歳出とも補正予算で削って最初からなかったことにします。**しかし補正前の当初予算は「減らした」ということにはならない訳です。

・予算総額の比較

このように予算総額は意外と伸縮可能なもの。総額は見せ方を変えることができるのです。年度間や自治体間の総額の比較に全く意味がないわけではありませんが、同じ事務を同じ執行体制でやっているのでなければ、正確な比較にはならないことに注意しましょう。見かけだけでなく、実質を見極めなければなりません。

予算総額を割り返して、人口一人当たりや、職員一人当たりという比較をしてみることもできます。それらも方法の一つではあると思いますが、総額を検討する、言い換えれば、こういう条件の町なら、予算総額はいくらであるべきという根拠は、結局はないようです。

地方交付税がどのように決まるかはご存知でしょう。「こうであるべき」「これでできるはず」という数値があるのではありませんね。毎年度、いくつかの自治体を選定し、それらの数値から「平均的にはこうであろう」を算定しているのです。それほどまでに、自治体間の予算の組み方の差異は大きく、また、見せ方もさまざまなのです。

親しみやすさのためでしょうか、数字の語呂合わせなども行われることのある予算総額ですが、総額そのものの議論より、個別の内容の検討を行いましょう。

各論1　性質別経費と執行体制

具体的な事業は「ここの道路整備何メートルに何万円」と審査しやすいのですが、そこに入る前に、少し気にしていただきたいところがあります。地域にどれだけお金がまわるのかは実は事業費の総額で見てもわからないのです。大きい順に款項目節とある、最後の「節（せつ）」＝性質別の

執行内容に注目する必要があります。

　節の内容は歳入、歳出ごとに、地方自治法施行規則別記で決められています。同じ事業を行うにしても、執行方法はさまざまです。職員が自ら事業を直接行うなら、職員給与や時間外勤務手当等からはじまり、文具やガソリンを使えば消耗品費等と一つずつを予算に見積もります。一方、事務の実施を民間の企業等に委託すれば、最終的に何に使うかは問うことなく、一切が「13節　委託料」に計上されます。また、自治体の仕事ではなくしてしまって、団体等が事業主体となり、それに対する補助金とすると、今度は「19節　負担金補助及び交付金」になるのです。

　つまり、議決項目である款項には異動がなくても、誰がどのように執行するという部分は大きく変わってしまうのです。

　昭和38年の財務制度の全部改正までは、予算は節まですべてが議決項目でした。以後はそこまで細かく見る必要もない、と変えられのですが、当時はすべて行政直営の時代。指定管理者や市場化テストは別に議決が必要であることからしても、節ごとの金額はともかくとしても、誰がどのように執行するのかが予算議案としてはわからないのは不都合ではないかと思います。事実、多くの自治体では、地方自治法施行規則が求めている「給与費明細書」等のほかに、委託料や補助金等の一覧表を作成して議会に提出し、執行方法についての議論も可能となるようにしているようです。

　現在、財務諸表制度の改正も議論されているようです。しかし、議会で議論すべきが款項であるとすれば執行段階の効率性より一段上の地域の経済循環や労働市場への影響こそ議論しなければなりません。財務諸表を民間と似た形にしても、その表現が可能にはなりません。行政文書が陥りがちな欠点として、目的ごとに別々の文書が作成されてしまうことがあります。現在の委託等が予算書上わからないことの原因もここにあります。いくつかの資料をつきあわせてみないと、現実にどのような形で執行されるのかの姿が見えてこないのです。款項単位の審査で全体

をみることと、事業等ごとに事業や執行体制の妥当性をみる審査。議会がいずれをも審査可能にすることが先に必要であるように思います。

各論2　事業の目的と効果

　予算書に書かれているのはあくまで金額。したがっていかなる目的をもって事業を行い、その効果はどの程度を想定しているのかは説明を聴取しなければわかりません。地方自治法の当初案では、予算は長からの要望（教書）を議会が受け、議会で調製することとされていました。予算の調製権限はいわば権力の根源。当時の内務省は「議会はまだ予算編成の経験がないから」として長が調製することと修正しました。その際に細部の調整までは手がまわらず、昭和31年改正までは議会が予算編成を行う仕組みが少し残されていましたが、解釈は少しずつ変えられてきました。

　最近は長に対して「わかりやすい資料の提出」を義務付けている議会もあるようです。ではこのわかりやすさについて考えてみましょう。

　まず事業を行う目的の説明があることです。多くの法律の第1条には目的規定が置かれていて、たとえば「公共の福祉の増進」が目的と結んでいます。自治体であっても、住民の福祉の増進等が事業の目的となっていると思います。住民の福祉の増進とは、地方自治法第1条の2に最初に現れ、第2条第14項で「最少の経費で最大の効果」に先だって現れる言い回しです。行政で考えなければならない効果とは、効率性や経済性ということだけではありません。公平や平等ということも大変重要です。しかし応能負担という言葉があるように、ただ単純に住民全体に平等に負担を求めればそれで公平だとは考えられないときもあります。また経済性では高い評価はできないけれども、地域間の平等の観点からはなくてはならない、ということもあるでしょう。それらはまさに、一人の首長では決められないこと。議会が議論を尽くして決めることが

もっともふさわしいことでしょう。そこでは「査定」と言われるような、調べていけばどこかに正しい答が発見できるということは通用しないのが現実の政治です。

けれども行政では「政治的な解決」を前面に出すことはできません。そうすることがあらゆる点で合理的なのだという資料が作られるのでは、と思います。行政の役割はあくまで執行ですから、行政が述べる以上は公平や公正、合理的ということでしかものを言えないでしょう。すると議会はあらかじめ議論を尽くして決定し、執行機関に対してその結論を示す。長等はそれを受けてどのように執行するかの実施段階を担うことが最も効果的なのではないでしょうか。

予算案の修正

予算案の内容に議会が賛成できないとき、否決することもできますが、それでは行政運営が止まってしまいます。議会は、どの部分に賛成できないからどうすべきということを明確にして、長に対して修正を求めるべきです。

予算案の修正方法も、条例の一部改正を行う場合と全く同じです。「○○を××と改め」という改め文をつくれば良いわけです。しかし、予算案の場合、議会に提出されている議案からは、歳入と歳出の関係を読み取ることができません。仮に歳出予算のどこかの項目を増減したとしても、それに対応する歳入予算のどの項目をどのように増減すればよいのか、充当財源の内訳がわかりません。そこで予算案を修正する場合、国会でも議員が修正案を提案するのではなく、「どの項目をどのようにすべきである」という動議を提出して予算案をいったん取り下げさせ、内閣が必要な修正を施した上で再提出する方法が採られています。地方議会でも国会同様議案として提出するほか、「○○事業を削除して再提出せよ」という組み替え動議の方法で良いと思います。

なお、地方自治法第97条第2項は議会の予算の修正について、次のような枠付けを行っています。

> 議会は、予算について、増額してこれを議決することを妨げない。但し、普通地方公共団体の長の予算の提出の権限を侵すことはできない。

条文だけをみると増額のみが書かれていて減額の可否がわかりません。減額については、第177条の規定があります。

①普通地方公共団体の議会において次に掲げる経費を削除し又は減額する議決をしたときは、その経費及びこれに伴う収入について、当該普通地方公共団体の長は、理由を示してこれを再議に付さなければならない。
　一　法令により負担する経費、法律の規定に基づき当該行政庁の職権により命ずる経費その他の普通地方公共団体の義務に属する経費
　二　非常の災害による応急若しくは復旧の施設のために必要な経費又は感染症予防のために必要な経費
②前項第一号の場合において、議会の議決がなお同号に掲げる経費を削除し又は減額したときは、当該普通地方公共団体の長は、その経費及びこれに伴う収入を予算に計上してその経費を支出することができる。
③第一項第二号の場合において、議会の議決がなお同号に掲げる経費を削除し又は減額したときは、当該普通地方公共団体の長は、その議決を不信任の議決とみなすことができる。

第97条と第177条の経緯をみると、議会は予算案の増額修正は当然

に可能。義務的な経費を除いて減額修正も可能。しかし「提出の権限」と呼んでいる基本的な考え方を変えてしまうような修正はいずれも不可能と解されます。ただし、いずれも議会が修正することを規定しているので、議会の要求により長が提案を取り下げ、基本的な考えを修正して再提案する**組み替え動議**の範囲については特に制限はありません。

注※
1 　内閣府地方分権改革有識者会議「個性を活かし自立した地方をつくる〜地方分権改革の総括と展望（中間取りまとめ）〜」平成25年12月10日決定、3　改革の推進に当たり今後地方に期待すること　(2)住民自治の拡充、19頁。
　　http://www.cao.go.jp/bunken-suishin/doc/chuukantorimatome-honbun.pdf
2 　第29次地方制度調査会答申は監査制度の見直しについて答申（平成21年6月）していますが、この答申を受けた監査制度に関する地方自治法改正は検討が続いており、平成27年通常国会にも提案される模様です。
　　地方行財政検討会議は現行の監査委員・外部監査制度を廃止し、新たな制度とすることを提案、平成23年1月に「地方自治法抜本改正についての考え方」を公表しています。その後、「地方公共団体の監査制度の関する研究会も平成25年3月、報告書を公表、総務省ホームページで公開されています。
　　監査制度に関する議論を見ると、「住民監査請求が続出し、また住民訴訟が提起され、その訴えが認められるようことでは、監査委員・外部監査制度は機能していないのではないか」という商事法からの考え方もわかるのですが、現在の監査委員制度の数百倍もの外部監査費用をかけることは無理だ、という実務上の要請とが交錯しているようです。現在のままできることとして、まず監査委員は事後の決算しか監査できないという、誤りを正しようのない考え方を改め、監査委員と議会とが共同して執行統制を行っていくことが現実的な対応と思います。
3 　平成24年の地方自治法改正で一部事務組合から脱退する際の手続きが簡素化され、従来の全構成団体の承認は不要となり、2年間の予告期間経過後は自由となりました。

暫時休憩

議会紹介　岩手県葛巻町議会

本会議における参考人質疑

国政と地方議会

　内閣府が毎年度行っている「社会意識に関する世論調査」※1。調査項目のひとつに「国の政策への民意の反映方法」があり、そこで永年、トップを独走しているのが**「政治家が国民の声をよく聞く」**という回答です。この回答は地域的には小都市・町村で、また年齢層が高くなるほど、男性よりは女性の方に多くみられます。国民の声を聞くべしという政治家への要望が強いことは、政治が身近に感じられるのは地方である、という常識からも納得のいくことです。

　しかし、国民の声をよく聞くべき国会議員は両院とも削減傾向。しかも明治後期の人口流動化時代に始められた「地域代表性よりも人口比例」が近年は大都市の弁護士グループなどにより主張されることで、地域、特に地方の声は国政にますます届きにくくなってしまいます。とは言え、地方では大都市と違い、朝の出勤時間帯、駅前の「朝立ち」で大変効率的に政見を訴えられる、というような場がそもそもありません。

　地方議会では平成12年地方自治法改正以降は国会に意見書を送付することで国の政治に意見を述べるようにしてきました。この改正は衆議院の議員立法だったのですが、地方議会から国会に向けた意見書の取り扱いは、誰でも提出することができる陳情書よりもずっと軽く、審査の対象ともならないことは衆知のとおり。消費税、TPP等国政の重要案件はもちろん地方にも大きな影響を与えます。国民がずっと願っている、政治家が国民の声をよく聞くことに、地方議会はもっと積極的な貢献ができないでしょうか？

　平成24年地方自治法改正で導入された**本会議における**公聴会・参考人制度。この立法趣旨は、少人数議会では委員会が実質機能せず、本会議中心と

なっているため、そのような議会でも従来委員会の機能とされてきた公聴会や参考人制度を活用できるように、だったようです。

この改正、その少人数議会側から要望していた訳ではないので、法案が出てきてから「？」と思った方も多いのでは。また、議会の規模や選択制という訳でもないので、従来どおり委員会中心の審査を行う議会でも適用されますが、では、本会議における公聴会・参考人と、委員会におけるそれとはどう違うのか、ということも疑問だったのではないでしょうか。

山岸議員に答える鈴木俊一参考人
（衆議院岩手県第2区選出・外務委員長）

鈴木議員に答える千葉伝参考人
（岩手県議会八幡平選挙区選挙・岩手県議会議長）

本会議ならではの参考人

葛巻町議会（中崎和久議長、岩手県岩手郡）は議員定数10人、常任委員会は議長を除く全議員で構成される**輝くふるさと常任委員会**と定数5人の**広報常任委員会**です。町長提出議案は、原則輝くふるさと常任委員会に付託して審査されていますが、テレビ中継設備の関係から委員会も本会議場を使用して行っています。実質的にも、また物理的にも、本会議と委員会との差はほとんどありません。

葛巻町議会では平成26年1月20日から会議規則をはじめとする議会関係の規定を一本化した**葛巻町議会総合条例**を施行。この条例は通年の会期制を導入するほか、住民へのわかりやすさと相互の整合性の向上のために作られ

たのですが、本会議における公聴会・参考人制度も早速取り入れています。10人という限られた議員定数の中で、最大限の調査機能を発揮させるとともに、議会への住民参加を進めることが目的です。

本会議における参考人質疑の第1回は、議会総合条例施行の翌日、最初の会議が行われた1月21日に行われました。

当日は地方自治法に基づく通年の会期制に移行して最初の会議にあたることから、中崎和久議長から開会のあいさつにおいてこれまでの経過等の説明があり、最初に補正予算案が審議されました。

再開後「調査」として参考人質疑が行われました。地方自治法上、百条調査の主対象は選挙人、公聴会は利害関係を有する者ですが、参考人にはどのような者という法律上の枠付けはありません。そこで、葛巻町の産業をはじめとするまちづくりがもっとも強く影響を受ける国政・県政から地元選出議員を招きました。

はじめに**山岸はる美議員が、国と地方の地域格差と地方の活性化対策について、鈴木俊一参考人**に対し質しました。

次に**鈴木満議員が、岩手県における葛巻町の振興施策について、千葉伝参考人**に質しました。最後に**柴田勇雄議員が地方自治法改正に伴う地方議会のあり方について、及び葛巻町議会総合条例の意義と今後の課題について**、質しました。参考人質疑の様子は町内全世帯に同時生中継されました。

いつ、会議を開くかも検討を

国会の会期とぶつかっているのが定例会の会期。参考人質疑の案件は重要ではあっても、緊急でないですから臨時会に付議できません。通年の会期制でなければ代議士や県議と意見交換は考えようもなかったのです。葛巻町議会の議会総合条例は、議会全体を見直すことで議会の役割を再定義した、画期的取り組みです。

注※
1　内閣府の世論調査ホームページ　参照

葛巻町議会・葛巻町を紹介します

　葛巻町は、盛岡市から北東に67キロ、三陸海岸の久慈市とのちょうど中間。1000メートル級の山々に囲まれた高原地帯に位置します。最寄り駅の東北新幹線いわて沼宮内駅から大坊峠を越えて車で40分、東北自動車道の滝沢ICからは1時間20分ほど。現在の町域435平方キロは昭和30年の1町2村合併で成立しています。

　人口は7000人あまり。キャッチフレーズはミルクとワインとクリーンエネルギーの町。人口より多い9000頭以上が飼養されている乳牛にはこだわった飼料を与えて高品質の牛乳を。搾乳後すぐに町内の工場に持ち込むことで、香りの生きた牛乳として広く出荷されています。町内に自生する山ぶどうからワインづくりをはじめ、いまでは周辺部からも集荷して生産するほどに。また、クリーンエネルギーでは森林資源の燃料化や風力発電など。これらの施策が国内でも極めて早く取り組み、成功しているのは議会が海外視察等で得た成果を活かしていることと、いくつかの施策を上手に複合させて大きな効果を生んでいることでしょう。山林が面積の90%近くを占める町で山林の基盤整備を活用して酪農用の放牧場・採草地を一体整備し、さらに強風を逆手にとって土地の立体利用として風力発電を行うなど、複合だからこそ事業効果が上がっているのです。議会と執行部とで知恵を絞った結果がクリーン・エネルギー自給率160%。発電風車はさらに増設予定だそうです。

　もう一つ有名なのがグリーン・ツーリズム。地域の資源をフルに活用した訪れたくなるまちづくりがまずあって、そして誘客という仕組みが注目されていますが、その魅力の一つに、工夫を凝らした議会運営も加わったようです。

連絡先　葛巻町議会事務局
　〒028-5495　岩手県岩手郡葛巻町葛巻16-1-1
　電話：0195-66-2111（代表）
　gikai@town.kuzumaki.iwate.jp

3月　年度末補正予算

はじめに

　会計年度開始前に調製される当初予算に対して、年度途中でそれを修正するために調製されるのが補正予算です。

　当初予算の調製後、また、当初予算に対する補正予算を行った後にも、事情が変われば行うのが補正予算です。会期を通年としている場合でも、事情の変更があっての対応ですから、一事不再議は関係しません。事情にはいろいろなことがあるでしょう。災害や感染症の発生というようなものが典型的です。また、任期満了以外の理由で行われる選挙も補正予算です。補正額が少額であれば予備費を充当して対応することもあるかもしれませんが、大規模な災害等では、年度途中での補正予算が一般的でしょう。最近では景気・経済対策のためにも補正予算が編成されることがあります。自治体における対応はいろいろだと思いますが、国の補正予算の「枠」が配分された際に手をあげることで、数年度分の事業を一挙に進めることができた、という話も聞きます。

　今回はそんな補正予算をどのように審査するべきか、年度末の補正予算を中心に解説し、12回の締めくくりといたします。

補正予算の調製

　例えば当初予算には盛り込まれていなかった**事業を追加して実施する**、という場合を考えてみましょう。行政職員や財政担当の職員が行う事務作業は、当初予算の見積り・査定と同じ方法です。追加する事業にどのような費用が必要かをまず見積もります。

　追加事業の歳出予算には、もちろんそれに見合う歳入予算がなければなりません。当初予算の場合、事務事業を行う各課が予算を要求し、それを積み上げた歳出予算と同様に積み上げられた歳入予算とを比較して、歳入の見込額に歳出の合計額を合わせていく「査定」が一般的だと思います。一方、事業を追加する補正予算では、たとえば国庫補助金の認承見込み額のように歳入側の合計が先にあり、それに合わせて事業内容・事業量を決め、歳出額は歳入見込み額のとおり、とすることもあるようです。

　事業を追加したり削ったりするほかに、**歳入の実績に基づいて調整する**ための補正予算があります。税は、都市計画税などの使途が限定された目的税を除いて、原則何に使ってもよい一般財源である、と考えられています。すると、税収が当初予算で見込んだよりも増収するようなら、その分、他の財源のうち、借金である起債の額を減らすということが行われます。逆に税の減収が見込まれるときには、赤字補填のために起債の額を増やして対応することは簡単にはできません。歳出のどこかを切り詰めて「使わない」対応が必要になります。起債でも市中の取引のある金融機関から借り入れる場合（縁故債）では、その元利償還金は後年度の税収でまかなわなければなりません。しかし国との同意を要する協議を経て借り入れる起債のうちには、その元利償還金の一部が、地方交付税の基準財政需要額に組み込まれ、元利償還金が地方交付税によって表面的には自治体の税収から払っているのではないような形にすることができるものもあります。補正予算では金額を変更するだけでなく、よ

り条件の有利な起債への変更などが行われることもあります。

補正予算の形式

　補正予算とはその時点の予算を改正するものです。したがって補正予算案は、「○○条例の一部を改正する条例案」のように、「○千円とあるのを△千円とする」という改め文形式で作られます。したがって補正予算の議案は、それを単独で読んでも内容はわかりません。結果としてどうなるかは、当初予算と、それまでの補正予算とを重ね合わせて読んでいく必要があります。ちょうど条例改正の際に新旧対照表をつくらないと全体が理解しずらいことと同じです。補正予算案の提案権も当初予算案と同様、首長に専属し、議員や委員会は修正することのみで、発案することができません。

　補正予算が成立すると、条例改正と同様にもとの予算に溶け込んで一体のものとなります。また、条例と異なり、補正予算には施行期日が定められることはありません。議決後、配当を行えば直ちに施行されると言うべきでしょう。予算が補正されると各項目の金額が増減します。それが**予算現額**です。この予算現額に基づいて、以後の執行は行われます。なお歳出は予算現額を超えて行うことはできませんが、歳入は単なる見込額に過ぎないと解されることから、予算現額を超えても収入することができます。したがって歳入を収入するだけなら予算の補正は必要ありませんが、増収分をその年度中に使用しようとすれば、歳出予算の補正が必要になり、その歳出の財源として結局歳入予算も補正しなければなりません。

　年度終了後の決算書には当初予算額に対してではなく、予算現額に対して収入・支出の状況が表示されます。その結果当初予算からの経過がわからなくなります。そこで、認定を行う決算書には予算現額との対比だけですが、説明資料である事項別明細書の予算現額には、予算現額の

内訳として、

　歳入では**当初予算額、補正予算額、継続費及び繰越事業費繰越財源充当額**とそれらの合計が、

　歳出ではさらに**予備費支出及び流用増減**を加えて表示することになっています。

補正予算以外の予算の変更

　緊急対応が必要な場合には、補正予算を組むほかに、予備費を使用することもできます。予備費は歳出予算に計上しておかなければならないのですが、14款　予備費は全予算に共通の経費で、そのままでは使用することができない、少し変わった歳出予算の科目です。地方自治法の財務の章に次の規定があります。

> （予備費）
> 第217条　予算外の支出又は予算超過の支出に充てるため、歳入歳出予算に予備費を計上しなければならない。ただし、特別会計にあつては、予備費を計上しないことができる。
> 2　予備費は、議会の否決した費途に充てることができない。

　予備費を使用しなければならなくなった時には、必要額を予備費から使用すべき科目に充当（地方自治法施行令151条）します。14款から他の款へと、款をまたぐ流用となるわけですが、充当は議会の議決を要さず、首長の裁量権でいつでも実施できます。予備費を充当したとしても、その額はあらかじめ予算で定められていたものですから、歳入歳出予算の総額には変化はありません。予備費の財源には一般財源が充てられています。しかし市町村では、国のように予備費に大きな額（平成26年度予算案で3500億円。ただし総予算比では0.3％）を持っている

ことはないと思います。

　予備費の金額があまり大きくないことから、実際に使われることはあまり多くないかもしれません。よく聞く事例としては、降雪量により大きく左右される除雪費について、大雪の年には予備費が充てられているといいます。平成26年2月の関東甲信地方の大雪では公共施設の損壊など多くの被害が出たようですが、緊急の対応には予備費が活用される例もあるのではと思います。

　なお、11款　災害復旧費は予備費とは異なり、最初から災害復旧の対象となる施設ごとに計上されています。したがって予算の範囲内なら予備費の充当や流用をすることなく、災害復旧費のままで執行します。

補正予算の活用方法

　国の当初予算は前年度の8月に概算要求を締め切って12月に閣議決定、1月に国会に予算案提出というスケジュールです。概算要求の後に予算が執行されるまで半年以上ありますし、また国の予算は政府が直接執行するよりも自治体や独立行政法人等、他の機関によって執行される方が多いというもの。したがって概算要求の段階では、当年度の予算を執行した結果はまだ出ていません。そこで早くも当初予算案が国会で議論されている時点で、補正予算はどうなるのか、ということが話題になります。そして予算案編成期間中に起きた問題に対応するために、政策的な意図をもった補正予算が編成されることが常態化しています。

　さてこの補正予算、年度の途中で決まり、年度中には使わなければならないという性格のもの。最近、国が新規事業を立ち上げようとする際には、まずパイロット的な試行を補正予算で行い、その結果をみて補助要綱等を決め、次年度の当初予算に計上という流れもよくあるようです。すると、この試行段階の補正予算は、自治体側にとっては使い方が比較的ゆるやかな補助金等獲得の手段でもあります。

そのためには、アンテナを高くしてどのような事業を提案すべきなのかの状況をしっかり把握し、かつ、現在自治体で行いたい事業を新規の補助事業等の目的に合うように素早く組み替える知恵が必要です。そのような実績を持つ自治体では、新規事業の立ち上げの際、どのようにすればいいのか、逆に省庁側から相談されることもあるとか。しかし、それができたとしても、今度は短い期間で事業を終わらせることができなければなりません。すると執行機関に求められる知恵とは別に、議会にとっては補正予算や契約案件などを早期に議決することで、補助金の交付手続きや事業の執行を応援することが必要になります。

　通年議会・通年の会期制はその点でまさにうってつけで、臨時会を招集する必要なく、あらかじめ予定されている定例日に合わせ議案を提案できるようにすることが容易です。運用による通年議会を行っている御船町（熊本県上益城郡）では、議会が毎月開かれているため、補正予算がこまめに提案されて国や県の事業の獲得・推進に成功しています。御船町では平成25年度の補正予算は、26年2月の会議までに第10号までが提案・議決されています。御船町内では国道443号・445号の整備が行われていましたが、緊急景気対策等の補正予算にすばやく対応して早期に完成に結びつける成果を上げているといいます。

　総計予算主義の原則も大事なのですが、手を挙げなければ他に流れていってしまう予算を獲得することも、現実には重要なことです。執行機関は常に数年分の事業計画を作っていなければ、そのようなときに素早く補助事業等に手を挙げることができませんが、議会も提案されるのを待つことなく、将来ビジョンを議論するとともに、補正予算にも柔軟かつ早期に対応することも必要です。

予算案質疑の方法

　会議規則には「質疑にあたっては、自己の意見を述べることができな

い。」とあります。予算案に限らず、議案に対する質疑全体が意見を述べてはならないのですが、ではなぜ質疑で意見を述べられないのかは、研修等でよく質問があるところです。

　質疑とは提案者に不明な点、疑問点を質すものです。提案者は「これでよい」と考えて提案した訳です。提案に対する意見は、修正案の提出か賛否の討論かで示すことです。議案の取り扱いについて議員が意見を交換するのは、提案者ではなく、同僚議員に対してです。質疑は純粋に質疑として行った方が効果的です。

　だからといって自らの意見を質疑で述べることができないかというと、それはその内容にもよります。日本の議会では議案は一つの案しか出てきません。複数の案が提示され、その中でどれにするのかという議案ではないのです。すると、「提案された予算案ではＡという方法を採っているが、Ｂという方法が良いのではないか。」という質疑はどうでしょう？　後半はＢという別案を示していますから、それは一つの意見です。

　このような質疑が禁止されるとすると、提案のＡという方法は他の方法と比較してなぜ優れているのか、と受け身でしか聞くことができなくなってしまいます。そもそも議案に一つの案しか書かれていないのですから、意見を含む質疑が全くできないとなると、「他に検討した案はないのか」と質疑して対案を列挙させ、その中に思うところがなければ、さらに聞く、という効率の悪い方法しかできなくなります。したがって質疑の焦点を絞るためにも、Ｂ案はどうなのかという意見を述べることまで禁じられていると解する必要はないでしょう。

　提案してきた以外の方法を議員が研究し、代替案として提案する型の質疑を行う場合に注意が必要なのは、たいていの場合はその代替案も実は検討済み。「待ってました」とばかりその欠点が述べられ、代替案はかくかくの理由で問題がある、と答弁されることが多いことです。本来、議案を一つにまとめるまでの検討結果は資料として示し、いくつもの観点の評価のうちからどれを選択すべきかというところまでを議会と共有

することから始めるのが良いように思います。

　議会における判断とは、議員がいろいろと考えるよりは、執行部側の手の内の検討結果を全部出して、政策判断としてどちらを採るべきかを決断することではないでしょうか。たとえばある事業を実施することとしても、その内容について、こんな資料ができないでしょうか。

	事業費	事業効果	費用対効果	評価
A案	小	中・安定	1倍	堅実だが、税収増には貢献しない。
B案	中	大	1～3倍	起債が必要だが、投資効率が高い。
C案	大	リスク有	0～10倍	失敗の可能性もあるが、当たれば大きい。

　最低限やります、というだけのA案、起債をすれば、その利息分は効果が出るというB案、大きな挑戦を含むC案。どれにも政策としての正当性はあると思いますが、この中から一つを選ぶ理由は価値判断です。どれを選んだとしても、絶対にそうでなければならない、ということはないでしょう。

　実務では最初から一つの案だけを検討する、ということはありません。執行機関内部では本来行っている複数案の検討結果を先に示し、この事業にかけることができる費用や求める事業効果について、どう考えるべきかという政策選択レベルの議論を議会で行うことの方が、政策の質を上げるためにも効果的です。

補正予算審査でのチェックポイント

・年度末補正

　当初予算案が提案される3月議会には、たいていの場合、現年度の補

正予算が提案されるはずです。年度末に補正予算が調製されるのはいくつかの事由があります。補正の理由と目の付けどころは次のとおりです。

①事業の進捗状況

　当初の見込みよりも事業が遅れている等の理由により、次年度に繰り越すための「事故繰越」を行う、あるいは最初から継続費として設定されている額の年度間の年割額の調整が行われます。最近では特定目的のための基金を設定し、何年度かかけた事業でその元利金を使用していくことも行われています。

　継続費や基金では最初から計画的に数か年度の事業を設定しますが、繰越では事業期間は最大で2会計年度です。したがって2年度目では進行状況を十分に把握する必要があります。

②財源の更正

　税収等の増減や補助金の獲得などにより、当初は起債する予定だった額を増減する、あるいは縁故債など、一般的な起債の予定だったものが、より有利な条件の起債の同意が得られたため、起債の種類を変更するための補正が行われます。

　法人住民税中心の市町村では景気の変動の影響を受けやすく、固定資産税、個人の住民税中心の市町村では比較的景気とは関係がないのですが、近年では高齢化によりどこでも非課税世帯が増加しています。議会は金額だけでなく、納付率等についても配慮することが必要です。

　起債の条件は目的、借入額と金利の上限を議決していますが、内容が大枠にとどまっているため、実際の借り入れがどのように行われているのかは決算からでもよくわかりません。財源の更正の審査にあたっては、単に単年度の合理性だけでなく、長期的な推移等も十分に検討することが望まれます。

③国民健康保険特別会計等

　年末から年始にかけて風邪やインフルエンザなどが流行すると、診療

報酬の支払いが激増することがあります。保険診療機関からのレセプトがすぐには届かないので、必要額をなかなか見通せないこともありますが、支払いがふえても保険料収入が増える訳ではないので、一般会計で法定外の補助金を特別会計に交付するなどの補正が出ることがあります。

　もう使ってしまっている医療費ですから、出す、出さないの議論もできません。風邪の流行は気温や雨の降り方などによっても変わり、年度によって相当の変動があるものなので、国保への補助金を捻出するために、一般会計のどこかに負担がかかっていないか等が審査のポイントでしょう。

④人件費

　時間外勤務手当等、支給額の多い手当を支払実績に応じて増減させたり、一件あたりの金額が大きい退職手当について、退職見込者に応じて計上し直すなどが行われます。人件費は款項ごとに計上する科目が指定されているのですが、歳入歳出予算総額の中で款項をまたいでの流用を認めているのが一般的なので、支払科目間の調整を済ませた上で、総額の調整が提案されます。

⑤帳尻合わせ

　そのような財政用語はありませんが、歳入総額から歳出総額と翌年度に繰り越すべき財源を引いた「実質収支額」をプラスにするために、さまざまな調整が行われているようです。実質収支の黒字・赤字とは民間企業における利益や損失を表すものではないのですが、最終的に実質収支を赤字にする、ということはあまりありません。その調整のために使われるのが財政調整基金で、余裕があるときには基金に繰り出し（積み増し）、赤字になりそうなときには基金から繰り入れ（取り崩し）をして年度間の調整が行われています。

　財政調整基金はいくらあればよい、という性格の基金ではありませんが、景気変動や突発事項に対応するためには、やはりある程度の余裕資

金は手元に必要です。実質収支の黒字額は最終的に基金に積むのか、それとも次年度に繰り入れるのかについての議論を行うべきでしょう。

・**10分の10補助**

　国の補助金にはさまざまな種類があります。事業費の一部を国が自治体に補助することで、事業が行われやすくなるのが多くの補助金のありようです。補助率は分数の形で表されることが多いようです。それも10分の何、という表示をよく見ます。もっとも分数と言ってもあまり数学的ではなく、小数を組み合わせた10分の5.5というものも目にします。

　国の補助金では、事業費に占める補助金の率は、50％未満であることが一般的ですが、時折高率補助と呼ばれるものも出現します。緊急に対応すべき問題が生じたが、国が直接執行できないようなときに自治体を強く誘導したい場合に使われます。典型的なものは10分の10補助でしょう。全額が補助されると言われると、やらなければ損をするような気にもなりますが、そこは要注意。10分の10補助の補助対象が十分ならよいのですが、消耗品だけは補助するが、人件費は対象外、とか、10分の10補助は最初だけで、翌年度から自己負担、というようなこともままあります。

　緊急対応を求める補正が出てきた場合でも、単に全額補助だからそのまま認めるべきではなく、きちんとその内容を質すとともに、次年度以降、継続する場合の見直し方法などの議論が必要です。

質疑のグレード・アップ

　よく耳にする質疑は、事実関係を聞くものです。しかし予算案審査でいつも事実関係から聞かなくてはならないという場合は、提出資料が貧弱なのではないか、疑ってみてください。

　予算案には本文と款項ごとの内訳のほか、別表と事項別明細書等の説

明書が添付されています。いずれも地方自治法施行令に基づき、同施行規則で様式が示されています。政府が地方財政計画を積み上げる資料とはなるのかもしれませんが、どこでどのような事業を行うのかということは皆目わかりません。そこでそれらに加えて自治体独自の説明資料が作成・提出されているはずです。

　その説明資料は、予算科目の款項目の事業別であったり、課が所管している事務をまとめて作ったりといろいろのようです。近隣の議会と交換すると、大変充実した資料を作っているところと、えっ！　と思うくらい簡単なところがある筈です。11月の章で紹介したニセコが一つのモデルと思います。

　地方自治法が説明書の提出を言っているのは、本来、説明員が議場や委員会室に常駐していることを予定していないから。平成24年の地方自治法改正では、説明員が出席要求を受けた場合でも、正当な理由があれば出席しないこともできるようになりました。

> 第百二十一条　普通地方公共団体の長、教育委員会の委員長、選挙管理委員会の委員長、人事委員会の委員長又は公平委員会の委員長、公安委員会の委員長、労働委員会の委員、農業委員会の会長及び監査委員その他法律に基づく委員会の代表者又は委員並びにその委任又は嘱託を受けた者は、議会の審議に必要な説明のため議長から出席を求められたときは、議場に出席しなければならない。**ただし、出席すべき日時に議場に出席できないことについて正当な理由がある場合において、その旨を議長に届け出たときは、この限りでない。**

　121条第2項には通年の会期制をとる場合の出席要求に対する配慮義務が書かれていますが、第1項に追加されたただし書きは従来からの会期制の議会を含むすべての議会に適用される規定です。これまで、首

長等の説明員は議場にいるのが何となく当たり前のようになっていた場合でも、今後は説明員が議場にいない場合も想定しなければいけませんし、このただし書きや第2項が追加された経緯からみても、地方自治法制定の当初に立ち返って、議会はまず、議員の集まりであるということが強く意識するべきなのでしょう。第121条の改正を受けた会議規則の改正は行われていないようですが、議場に出席できないときは資料提出を義務付けるなど、議会への資料提出のあり方を見直すよい機会であると思います。まず、提出資料を充実させ、事実関係を聞くような質疑はあまりしなくてもよいようにすることが先決でしょう。

　資料づくりというと、事務方が大変なのではないか、と心配される方もいるかもしれません。けれども新たな資料を作れという必要はほとんどないはずです。各課と財政担当課とのやり取りの経過や、答弁準備のための資料をそのまま出せばよいのです。これだけ電子化が進んだ今日、文書はワン・リソース、マルチ・ユース。この習慣が確立すれば、資料は最初から整合性が取られ、系統だった説明ができるようになるはずです。

補正予算の専決処分

　できる限り避けてほしいのが、補正予算の専決処分です。通年議会・通年の会期制をとる場合では、緊急であるという専決処分（地方自治法179条）は理由がありませんから行うことができません。会議をきちんと開き、補正予算案を提出させて審査すべきです。法律に基づく通年の会期制の場合、次の定例日まで待てない場合、首長は会議を開くべきことを請求でき、議長は都道府県と市では7日以内に、町村では3日以内に会議を開かなければなりません（同102条の2第7項）。随分余裕がないようですが、この日数は定例会・臨時会の場合の招集告示の期限と同じ（同101条第7項）です。実務的には、先に議会に日程調整を依頼

し、日程が決められたところで招集を請求・告示しているものだと思います。

　補正予算の内容も一度検討する必要があります。専決処分の件数が非常に多い議会にその内容を聞いてみると、年度途中の補正予算をほとんど行わず、3月議会が終わってから全部まとめて専決処分により補正している、という例もありました。しかし予算を議決するのは議会の権限としても一番大きなところ。これを専決では、やはり住民に説明がつきません。年度末の最終的な整理は必要としても、少なくとも第3四半期までの執行状況を踏まえた補正予算を3月議会（まで）に提案し、緊急としての専決処分はやむを得ない最終的な調整のみにとどめるべきです。

　なお、通年の会期制・運用の通年議会としている場合には、緊急案件としての専決処分はあり得ません。次の節をもとに長への委任とすべきかどうかを検討してください。

軽易な事項の専決処分の長への委任

　専決処分には緊急案件のほかに、議会の委任による専決処分（180条）もあります。これは軽易事項であるとして、あらかじめ議決事件とされているものの<u>一部の（事件の全部は不可）</u>処分を首長に委任するものです。補正予算について、一定金額以内については専決を委任するということも理論の上では可能ですが、やはりそれでは議会の役割として十分ではないように思います。金額の大小と予算としての重要性の関係は簡単ではないからです。かつて問題になった一時借入金がその代表で、一時借入金総額は歳入歳出予算総額で決まっていますが、それは最大瞬間風速。経常的に一時借入れを行っている等の監視は支払い利息の金額をもってしかできません。歳出予算に計上されるのは借入額ではなく支払利息だけですから、金額に比してことの重大性は目立ちにくいわけです

が、たとえば工事請負費のように単純に金額で何百万円未満は専決処分でよしとすると、百万円単位の金利を支払っていたら、いったいくら一時借入れしていたのか、いうようことになるわけです。

　議会が予算を議決するということは、財政的な監視責任を果たすことが目的です。災害等で緊急対応が必要な場合であってもやはり補正予算をきちんと調製するべきで、ただ急ぐからやむを得ないという訳にはいかないでしょう。実務的な対応としては、直ちに対応すべき事項は既決予算内の流用や予備費充用でまず対応し、ある程度の目安がついた時点で経過を議会に説明しつつ、補正予算を調製することとしてはどうでしょうか。

　通年の会期制・通年議会を検討している議会からよくある質問は、現行の現金主義会計制度上、3月31日に会計は締めなければならないのに、出納整理期間中はずっと3月31日が継続しているかの取扱いをしているので、それを急に変えることは不可能だ、ということがあります。タテマエ論ではあり得ないことですがそれが現実。特に財政規模が小さい町村では年度末の帳尻合わせは背に腹を代えられない問題でもあるのです。財務会計制度は、いずれ現金主義から発生主義へと改められます。自治体でも50年以上の歴史がある企業会計では発生主義を採用していますが、特に問題がある、ということもありません。通年制の導入を検討する際に必要なのは、これまで当たり前のことと考えてきた財務会計制度に議会が合わせる、ということよりも、財務会計制度自体の見直しを行って近代化することが必要に思います。

> 暫時休憩

議会紹介　北海道津別町議会

住民とともに議会改革を考える

　最近「議会改革」という言葉をよく聞くようになりました。
　「行政改革」は古くからありますが、条例や予算が決まらないと動けない執行機関と違って、議会は自らのことは決めてしまえばすぐに実行できる組織です。したがって今ある権限を使っていこうという「活性化」は言われても、実現までに少し遠い感がする改革という語は、従来、あまり使われて来なかったように思います。

議会改革の注意点

　議会のあり方は議会自身で決められます。しかし執行機関に対し、議会が常に行っているように、誰かが仕事として議会を監視・評価してはくれません。だから、議会は改革を行おうとするときには特に住民をはじめ、さまざまな専門家等からの意見を求め、意識して自己評価をしていかないとなりません。
　また、議会の運営は議会の沿革等によって実にまちまちです。行政では同じ法律に基づいて全国どこでもだいたい同じ事務を行っていますから、他の自治体で成功した改革手法を移入することで似た効果を現すことも可能かもしれません。しかし議会ではなかなかそうもいかないのです。
　最後の問題は、議会改革は議会が内発的に「こうあるべき」と考えて行

議会改革フォーラム・パネルディスカッション

うよりも、むしろ住民のニーズを聞くことから始めるべき、ということです。議員の間だけで熱い議論をしていても、それが住民ニーズに合っていなければどうにもなりません。もちろん議会には地域の政策をつくり、地域をリードしていく役割があります。しかしそれも、住民＝有権者の理解を得てこそのことです。

議会の役割を住民と語る

　津別町議会（鹿中順一議長、議員定数10人、北海道網走郡）では平成25年度今年度4回開いてきた議員研修のまとめとして、平成26年1月31日、公開の議会フォーラム「議会が変わる、町民が変える」を開催しました。会場は町の中央公民館。参加人数は町民のほか、近隣の市町村議会議員を含めて約180人でした。

　夕方6時半に開会、最初は講師による「開かれた議会と住民参加」と題する写真を交えた基調講演です。これを議論のきっかけとして後半1時間がディスカッションです。壇上には議会が委嘱した町民4人と北海道町村議会議長会の勢籏（せはた）事務局長がコーディネーターとしてプラス。それぞれ自己紹介に続いて、最初の議論は「議会だよりを見てどう思うか？」から始まりました。

　その答えは「読んでいない！」では、議会だよりはなぜ読まれないのか。

　曰く、町のいろいろな広報物と一緒に配布されるので目立たない。パネルの1人は理容所経営。待合室に議会だよりは置いてある？　と問うと、置いていない。読んでみてどうか。面白くない。なぜ面白くないのか。まじめなものは面白くない？　内容が終わった議会の報告だから。では、次回予告が書いてあった方が面白いと思うのか。フロアに挙手を求めると、事後の報告よりも予告・意見募集の支持が圧倒的多数だったのです。勢籏コーディネーターからは、道内の144町村の広報の現状が紹介、さりげなくベンチマーキングです。やはり議会だけで良かれ、こうでなければならないと判断しても、そう思わない住民がどうやら多数なのです。

　二元代表制を標榜していても、議会はどうなっているのかと議場で質問する人はいません。議会は自ら求めないと、評価をしてくれる人がいないのです。議会だよりでは編集過程に住民参加制度をとっているところもあるけれ

ど、まず読者のニーズを把握した上で、伝えなければならないことと、知りたいこととのバランスをとることが重要です。そうであれば議会だよりは広報物と一緒に配布ではなく、議員が手分けして住民一戸一戸に配りながら意見を聴いたら？　１人何軒回ればいいの？　とあおる講師の話に顔を見合わせる議員一同。配布方法をどうするかは継続審査になりましたが、議会改革フォーラムの結果については議員全員が協力して議会だよりの臨時号を編集することになりました。

次の議論は議会への提言

　若者を議会に取り込んでいくには？　議会はやっぱり町民からは高いところにある。だから住民の中に出て、降りてきて寄り添ってほしい。そんな気持ちが見えるようにしてほしい、がまず要望されます。

　津別町に女性議員は２人。町村議会にはゼロのところの方が多いけれど、女性が半分を超えている議会だってある。では、女性議員を増やすには？　やはり町内に女性の活動の場、リーダーシップをとれる場が必要でしょう。そこでフロア最前列中央で議長と並んでいた町長に質問。「町役場の管理職に女性は何人ですか？」「いません」まず隗から。町が率先して女性がリーダーとなる場を作らねば。

　予定していた２時間はあっという間に過ぎ、10分延長して８時40分終了。外はマイナス15度。しかし立ち見が出ていた公民館内には、話し足りずにあちこちに輪ができていました。

　住民に対する議会・議員活動の説明も今後充実させていかなければなりません。政務活動費は本来、何に使ったよりも、どのような成果を引き出したが重要です。そのような評価のためにも、議会や議員は目標を立て、それを達成するための計画づくりが必要です。抽象的に調査活動を充実させるよりも、議会への住民参加として、参考人からの意見聴取を年間何人、というような目標を立て、定例会ごとに計画的に実施していくのです。これなら目標達成率何％という定量的な評価も可能ですし、そこから水準を引き上げるにはどうすればということも容易に検討できるでしょう。

　地方分権改革推進委員会の第２次勧告で「議会はいまある権限をさらに行

使すべきだ」と議会の活性化が言われてから 20 年。議会の運営は常に見直されていくべきですが、これからの議会活性化とは、会議や調査といった議会活動自体の活性化から、議会活動を通じてまちづくりにどのような効果があったのかを示すことへと重心が移っていくことと思います。いまある権限を活用してまちづくりの成果を出している議会の成功事例が共有され、他の議会にも取り入れられ、機能を発揮させていくことになればありがたいと思います。

津別町を紹介します

　北海道東部、オホーツク海に面した女満別空港の南西 30 分にある津別町は人口 5300 人余り、面積は 716 平方キロもある広範な町です。市街地・農地の周辺には国有・道有の森林が広がり、恵まれた森林資源をもとに発達した林業・木材加工業が町の主要産業です。積雪が少ないため、林業は冬季を含め、通年施業が可能です。木材加工の技術を活かした製品は、広く全国に流通しています。残念ながら津別産とは書かれていませんが、駅弁のエコな木製弁当箱や医療用の高級木べらなどを見たら、それは津別産かも。

　最近では木材の高度利用にも挑戦。製材所内にこれまで有償で処分していた廃材を活用する 4700kwh の発電所をつくり、製材所内のみならず、外部への売電も計画中。ペレットは燃料用として町内各所で利用されています。

　夏はオートバイライダーたちの聖地、またいくつもの名門ラクビーチームの合宿所として、冬はワカサギ釣りなど。恵まれた自然を活かした観光は、長期滞在者・リピーター率の多さでも特筆すべきところのようです。

【津別町議会事務局】
　〒 092-0292　北海道網走郡津別町字幸町 41
　電話 0152-76-2151（代）
　gikai1@town.tsubetsu.hokkaido.jp

あとがき

　本書は、2004年度から4年間在籍した東京大学大学院法学政治学研究科21世紀COEプログラム「先進国における《政策システム》の創出」の際に始めた議会の先例・会議規則に関する研究の成果を基礎としています。2008年地方自治総合研究所に転籍して研究に専念、地方自治法研究の担当となってからは研究所が所蔵する豊富な文献の活用による研究はもとより、内外の研究者・実務家等との共同研究や逐条研究地方自治法・別巻の編集を通して法制史の面から、戦後初期の生き生きとした議会の姿を知ることができました。

　2010年に新潟県立大学に移ってからは、全国町村議会議長会を通じて各地の議会や議長会で議員研修や共同研究を行うことができました。その際の議員や事務局員からいただいた声が連載執筆の原動力となっています。なかでも多くの研究上の刺激を与えてくださったのが、全国町村議会議長会議事調査部の岡本光雄部長（故人）、三宅達也部長はじめ部員の皆さん、そして各道府県町村議会議長会のプロパー職員の皆さんです。貴重な資料を恵与いただいたり、豊富な経験に基づくさまざまな示唆をいただき、励ましていただいたことには感謝の言葉もありません。

　地方議会人誌への連載終了後、日本学術振興会の科学研究費の採択を受け、明治期から昭和30年代の議会の会議の様子を会議録から調査を進めることができました。それにより内容の一部をさらに加筆しています。

　2015年春には統一地方選挙がやってきます。このところの傾向からは、ベテランに代わって新人ではなく定数削減になってしまう議会が増えることも心配です。もともと少人数の町村議会では、定数減により議

員の負担が非常に重くなり、それがまた立候補者減へとつながっています。もし、この本が、一筋縄ではない議会制度を理解することで、議員の負担を少しでも軽くし、また、多くの住民が議員と一緒に地域のために働くことのきっかけになれば、大変幸せなことだと思います。

2014年10月10日
平成27年統一地方選挙の臨時特例法案閣議決定の日に

田口 一博

本書は、2014年度科学研究費基盤研究（C）「地方議会先例データベースの構築」研究課題番号：26512010の成果の一部です。

索 引

あ

あいさつ状	104
会津若松市議会基本条例	41

い

委員会審査独立	44
委員の派遣	98
五十嵐鑛三郎	50, 122
意見書	118, 180
委託	22, 139, 175
一議事一議題	44
一事不再議	44, 185
一般質問	107, 121, 142, 152
伊藤博文	80, 91

う

請負	21, 68

お

大塚辰治	50

か

会期	1
会議規則	16, 35, 42, 56, 98, 134, 142, 181, 190
会期不継続	44
会議辯	44
会計年度	24, 78, 149, 160, 193
概算要求	115, 169, 189
金丸三郎	5
過半数議決	44
仮議席	20
監査委員	18, 30, 79, 86, 90, 179
監査委員事務局	30, 79, 86
監査機能の強化	172
官民競争入札	141

き

議案は一体不可分	150
議員研修	39, 111, 201
議員総会	18
議員の派遣	47, 65, 98, 109
議員平等	44
議員連盟	134
議会選出監査委員	18, 82
議事公開	44
議事次第書	43
寄附禁止	68
協議又は調整の場	18, 134

く

組み替え動議	45, 179

け

欠員	14
決算カード	79, 91, 158
決算議会	30, 87
(衆議院)決算行政監視委員会	171
決算の調製	77
現金主義	26, 78, 126, 199
現状維持	44

こ

公正指導の原則	20, 44
公選職	43
公聴会	6, 24, 32, 180
国民保護法	61
国会法	7, 99, 135, 144
骨格予算	25, 160
小林與三次	4
コメ印法案	27
※印	159

さ

災害救助法	59
災害対策基本法	60
歳出予算	77, 116, 125, 156, 173, 186
歳出法案	157
歳入法案	157
歳入予算	25, 77, 116, 186
参観	109
参考人	113, 119, 180
暫定予算	116, 160

し

事項別明細書	78, 83, 153, 187, 195
視察	39, 47, 64, 97
市場化テスト	133, 141, 175
市町村アカデミー	47
市町村防災会議	62
自動招集	64
ＪＩＡＭ	47
自由討議	34
10分の10補助	195
招集	1, 18, 190
招集告示	19, 197
肖像権	107
職員研修	39
人材育成方針	40
新人議員研修	42

す

随行者	100
出納整理期間	26, 79, 199
鈴木俊一	5, 50, 181

せ

正規公務員(正規職員)	140
政府四演説	153
政務活動費	103, 117, 202
専決処分	25, 82, 197
専門的知見の活用	41, 86, 145

そ

雑巾がけ	43
総計予算主義	160, 190

た

第30次地方制度調査会	9, 59, 72, 86, 114
第29次地方制度調査会	9, 90, 179
タウン・ミーティング	6

ち

地域防災計画	61
知的財産権	107
地方行財政検討会議	90, 179
地方公営企業法	30
地方財政計画	25, 78, 126, 196
地方財務会計制度調査会	126
地方自治法の主要改正	28
調整費	173
町村総会	135, 144
著作権	49, 107
チルトン	5
陳情活動	104, 118

つ

通年議会	6, 8, 151, 190
通年の会期制	9, 18, 23, 34, 123, 151
鶴ヶ島市議会 災害対策支援本部設置要綱	65

て

定足数	44
定例会	2, 135

と

特別秘書	137
読会制	34

な

内部統制	90

に

ニセコ町予算説明資料 もっと知りたい今年の仕事	125
任期	10, 13, 16
任期満了通知	17

は

初議会	17
発生主義	79, 126, 199

ひ

引き継ぎ事項	16
備荒儲蓄法	59
百条調査	106, 182

ふ

福澤諭吉	44
府県会議員聯合集会等を許さず及び其違犯者処分方	105
府県制	2
ブログ	49, 107, 169
分科会	151

ほ

防災	59
防災計画	61
防災服	70, 113
傍聴	9, 67, 108, 128, 152
法律の留保	143
ホームページ	49, 107
補欠選挙	14
補正予算	27, 66, 85, 124, 157, 160, 185, 197

ま

万年市会	3

み

御船町議会	8, 190
民間競争入札	141

や

役職人事	18

ゆ

湯沢町議会災害対策本部設置要綱	63

よ

（衆議院）予算委員会	171
予算現額	78, 85, 124, 187
予算査定	155
予算常任委員会	122, 151
予算に関する説明書	124, 150, 155
予算の調製の様式	84, 124, 156
予算編成方針	33, 121, 170
予算要求書	115, 162
予備費	171, 185, 188

り

臨時会	1, 18, 23, 64, 190
臨時議長	20

れ

例月出納検査	89, 124, 158
暦年	1, 4, 10

ろ

蠟山政道	50
ロビイング	118

著者　田口　一博

1962年神奈川県生まれ。専攻　議会学・行政学・政策学。
東京農業大学農学部・放送大学教養学部卒業、放送大学大学院修了。
横須賀市一般職員、地方自治総合研究所常任研究員を経て新潟県立大学国際地域学部准教授。その間、東京大学大学院法学政治学研究科特任講師、明治大学政治経済学部兼任講師等を兼ねる。
著書　逐条研究地方自治法別巻（共編著・敬文堂）、政策変容と制度設計（共著・ミネルヴァ書房）、分権改革の動態（共編著・東京大学出版会）、一番やさしい自治体政策法務の本（学陽書房）ほか
　　ホームページ　http://researchmap.jp/jkaz/

議会の？(なぜ)がわかる本　住民と議員の議会運営12か月

2015年1月11日　初版発行

著　者	田口　一博
発　行	株式会社　中央文化社
	〒102-0082　東京都千代田区一番町25番地
	http://www2.odn.ne.jp/chuoubunkasha/
電　話	(03) 3264-2520
ＦＡＸ	(03) 3264-2867
振　替	00120 1-141293
印刷所	株式会社　平河工業社

乱丁・落丁はお取り替えいたします。
© 2014 Printed in Japan　禁無断転載・複製
ISBN978-4-9908137-0-3 C0031